道德修养卷

官 德
——领导干部道德修养读本

于立志◎著

中国方正出版社

出版说明

文化是一个民族的血脉和灵魂。廉政文化是廉政建设与文化建设相结合的产物，是新形势下加强反腐倡廉建设的重要载体和途径。党的十七大、十八大报告明确提出要加强廉政文化建设。2010年1月，中央纪委、中央宣传部、监察部、文化部、广电总局、新闻出版总署联合下发《关于加强廉政文化建设的意见》，提出要积极推动廉政文化产品的创作和传播，整理、挖掘古今中外的廉政文化资源，建设廉政文化作品共享库。2013年4月19日，中共中央总书记习近平在主持中共中央政治局第五次集体学习时强调，历史的经验值得注意，历史的教训更应引以为戒。要积极借鉴我国历史上优秀廉政文化，研究我国反腐倡廉历史，了解我国古代廉政文化，考察我国历史上反腐倡廉的成败得失，可以给人以深刻启迪，有利于我们运用历史智慧推进反腐倡廉建设。在全党全社会深入贯彻十八大反腐倡廉精神、加强廉政文化建设的背景下，我们组织推出了这套《廉政文化文库》。

本文库首辑分为基本理论卷、道德修养卷、通俗读物卷三卷，总计18册。基本理论卷包括《廉政文化建设要论》、

《廉政文化概论》、《中国廉政法制史研究》、《中国古代廉政思想简史》、《国外廉政文化概略》、《廉政文化与民俗》；道德修养卷包括《干部从政道德读本——中国经典的启示》、《干部治家读本——中外治家名言点评》、《干部诚信建设读本——中外诚信名言点评》、《官德——领导干部道德修养读本》、《修养关系成败——党员干部修养纵横谈》、《高台驻足——一个领导者的人生感悟》；通俗读物卷包括《卿本佳人　奈何做贼——腐败现象的文化批判》、《中华廉吏传》、《廉诗三百首》、《廉政韵文碑刻》、《廉政格言警句》、《廉洁持家格言漫画》。从指导思想和编写风格上看，本文库有以下几个特点：

一是坚持正确导向，突出全面性、权威性。文库以党的十八大精神为指导，坚持辩证唯物主义和历史唯物主义的立场、观点、方法，围绕反腐倡廉建设，梳理廉政文化各方面内容，突出廉政文化精华，各卷之间各有侧重，互为补充。

二是注重文化传承，融思想性、学术性和知识性于一体。文库以翔实文献资料为基础，充分吸收现有研究成果，力争编写出系统、扎实、权威的廉政文化理论著作以及雅俗共赏的廉政文化通俗作品。

三是立意高远，视角宏大。文库从廉政文化的基本属性和基本作用着眼，创造性地将丛书分为基本理论、道德修养、通俗读物三卷，全方位满足读者对于廉政文化的多层次需求。

四是内容丰富，知识性强。文库18册图书洋洋数百万言，既有关于廉政文化的基础性阐释，又有反腐倡廉领域前沿问题研究，还有相关的普及性读物，对廉政文化进行了多角度全方位的立体展示。

五是形式新颖，体例灵活，兼顾趣味性、可读性。文库编写体例根据各卷和分册的具体内容灵活掌握，语言风格不强求统一，而是根据每个选题的特色，确定相应的体例，从而使每本图书都以最便于阅读的形式呈现出来。以通俗读物卷为例，涵盖故事、诗词、漫画等多种形式，有助于提升读者的阅读兴趣。

希望本文库的出版能够为廉政文化建设实践提供丰富的知识储备和有力的理论支撑，对廉政文化的传播起到积极的促进作用。今后，我们将继续跟踪廉政文化建设的实践总结和理论研究，不断吸收、推出新成果，以使本文库更加丰富和完善。

中国方正出版社

2014 年 3 月

目 录

涵咏德性作表率
　　——培育官德 ………………………………………（1）
忠于人民不爱银
　　——践行宗旨 ………………………………………（9）
咬定目标不放松
　　——志存高远 ………………………………………（17）
莫喜奴颜重德行
　　——选贤任能 ………………………………………（23）
珍惜俊才莫猜忌
　　——用人不疑 ………………………………………（30）
各司其职尽其责
　　——忠于职守 ………………………………………（35）
获取真知须躬行
　　——勤于调研 ………………………………………（39）
铁面亦有暖情真
　　——赏罚相济 ………………………………………（44）

无愧天地心浩然
　　——弘扬正气 ……………………………………（51）
红线底线生命线
　　——遵纪守法 ……………………………………（57）
制约权力福祉多
　　——接受监督 ……………………………………（65）
挺志坚然白璧姿
　　——清正廉洁 ……………………………………（70）
玉锁缠身无幸福
　　——何唯钱役 ……………………………………（80）
前车有鉴手莫伸
　　——当心诱惑 ……………………………………（88）
奢侈享乐败也忽
　　——崇俭抑奢 ……………………………………（96）
唯有真情似春色
　　——择善交友 ……………………………………（101）
家有贪妇落马早
　　——贤明治家 ……………………………………（108）
立人大节总系心
　　——增强耻感 ……………………………………（114）
一诺为重百金轻
　　——坚守诚信 ……………………………………（118）
永葆本色成功路
　　——艰苦奋斗 ……………………………………（125）
非我当者是吾师
　　——兼听勿塞 ……………………………………（134）
总将谨慎伴我行

——谨言慎行 …………………………………………（140）
谦卑抱朴走人生
　　——力戒骄矜 …………………………………………（147）
藏锋若拙成大器
　　——大智若愚 …………………………………………（157）
浩瀚胸怀扬子水
　　——雅量容人 …………………………………………（164）
驾驭自我乃赢家
　　——躬身自省 …………………………………………（171）
直挂云帆破浪行
　　——锤炼意志 …………………………………………（179）
优化情商就大谋
　　——消怒减压 …………………………………………（184）
莫信谗言远小人
　　——光明磊落 …………………………………………（193）
庞涓嫉贤鉴古今
　　——消除嫉妒 …………………………………………（199）
修身理政多读书
　　——惜时学习 …………………………………………（205）
官德箴言妙语 ……………………………………………（212）

涵咏德性作表率

——培育官德

　　道德是一种精神力量，代表着一个人的价值观念，支撑着人的自尊、自信和理想。道德是人们在处理各种伦理关系中表现出来的崇高境界、高尚品质，是调整人与人关系的原则和行为规范。"人可以一生不仕，但不可一日无德。"百行以德为首。"守身如执玉，积德胜贵金。"

　　千百年来，老百姓习惯于把担当职务并掌握权力的人称为"官"。"官"是一种特殊职业，有其特殊的道德要求。往事越千年。今天，尽管有了最具权威的"人民公仆"之称谓，可人们还是常常把领导干部称为"官"。实际上只要国家存在，行政机构存在，"官"就是一个无法回避的话题。一些媒体也常有"官员"、"官德"的称谓。

　　做人要有人品，做官要有官德。所谓"官德"，就是领导者在运用权力、执行公务过程中应当遵循的道德规范及应有的德行，是领导者政治信仰、职业道德、思想作风和行为风范的总和，是共产主义道德和社会主义道德在领导干部工作中的具体体现。"官德"是为官之魂、从政之本、用权之道。恪守官德，是滋润思想的雨露，是走向成功的动力，是抵御诱惑的盾牌。

　　中国有着重视道德的传统，中华民族流淌着道德的血液。在中国传统道德中，政治和道德融为一体，表现出明显的伦理政治化和政治伦理化的特征。

"官德"是个古老的、重要的话题,历来为社会所关注,为百姓所瞩目。真正意义上的官,严格说来从夏朝开始。随着阶级、国家的出现,官民就相伴而生,就有了官员的道德。中国历朝历代都对官德作出具体规定。如秦朝有忠信敬上、清廉毋谤、举事审当、喜为善行、恭敬多让的"五善"。人们把官德、德治看做是事业兴衰、国家存亡的重大问题。《尚书》有言:"德惟治,否德乱。"《左传》提出:"德,国家之基也。"把培育高尚的美德视做"立国"的根基。"国家之败,由官邪也;官之失德,宠赂章也。"官德缺失和沦丧,国家就不能得到好的治理,必然导致民心涣散,政权垮台,此乃一条铁的历史规律。

官德思想扎根于中国传统文化的沃土。官德衍生于民德,同步于官职,产生于野蛮时期,发展于文明时期,完善于社会主义时期。官德思想一经在精神文明和政治文明中出现,就会有它合理的内核和持久的生命力。尽管不同的社会有着不同的官德要求、官德规范,但也有着人类社会官德的一般规律性。官德引领着整个社会道德的发展方向,并对其他方面的道德建设具有一定的影响力。

党章在阐述党员必须履行的八项义务中,明确要求共产党员要"发扬社会主义新风尚,提倡共产主义道德"。领导干部的道德是源于民众道德、又高于民众道德的一种政治道德,是与领导权力紧密相联的、权力为民所用的职业道德。

纵观历史,那些高山仰止、青史留名的人,无一不是品德高尚者,而那些蝇营狗苟、灵魂肮脏之人,即使才高八斗,也不过昙花一现,成为历史长河中的流沙,甚至被人们唾弃。

我们党历来重视官德建设,把官德建设摆到突出的位置。毛泽东指出:"治国就是治吏。礼义廉耻,国之四维;四维不张,国将不国。如果臣下一个个都寡廉鲜耻,贪污无度,胡作非为,而国家还没有办法治理他们,那么天下一定大乱,老百姓一定要当李自成。"这就把领导干部的从政道德修养提高到了事关国家生死存亡的高度。邓小平要求党员干部尤其是党的高级干部要身体力行共产主义思想和共产主义道德。江泽民把"依法治国"与"以德治国"相结合,作为治国兴邦的重大方略提出。胡锦涛多次寄语广大党员干部"常修为政之德、常思贪欲之害、常怀律己之心"。他在党的十七大报告中,告诫领导干部要讲党性、重品行、作表率。

历史经验证明,官德正,则事业兴;官德差,则事业衰;官德兴,则国运兴;官德败,则国运衰。正是由于老一辈无产阶级革命家和千千万万有崇高理想、高尚道德的共产党员和领导干部,不怕牺牲、前仆后继,艰苦奋斗、无私奉献,鞠躬尽瘁、死而后已,才使我们的祖国有了今天这样的富强和兴旺。

职务提升了,权力增大了,如果忽视做人,品行不端,情趣低下,飘飘然,昏昏然,免疫力就会下降,就会放松对自己的要求,也就很容易成为"糖衣炮弹"攻击的目标。不仅败坏社会风气,而且影响工作开展,损害党的形象和威信。

一段时间以来,"官德"缺失现象日益凸显,突破了老百姓心理承受的底线。环球网做过一项调查,超过八成受访者认为,较之10年前,中国社会的道德水准"有很大倒退",道德水准下降最多的群体便是政府官员。中国伦理学会秘书长孙春晨指出,官德败坏是社会道德环境恶化的重要原因。对一些领导干部的"官德"失范行为,必须高度重视。

加强"官德"建设势在必行,也切实可行。治国先治吏,治吏先治本。从治本入手,从源头抓起,要比出现什么腐败,就集中打击什么腐败,什么问题突出,就集中治理什么问题,效果更好些。因此,必须加强官德修养,加强教育,加强制度约束,加强监督,使领导干部带头遵守社会公德、职业道德、家庭美德,有效防止权力失控、决策失误和行为失范。

治吏先治本,应重视以德治吏,高度重视领导干部道德的修养和锻炼。古往今来,许多思想家、政治家都把以德修身与表率作用看做是治国平天下的前提和根本。"身修而后家齐,家齐而后国治,国治而后天下平。自天子以至于庶人,壹是皆以修身为本"(《礼记·大学》)。

从天子到百姓，都应把修身作为根本大事来抓。治国平天下，又是以德修身的延伸和体现。正如孔子所言："为政以德，譬如北辰，居其所而众星拱之。"《左传·襄公二十四年》篇，对为官之道做了排序："太上有立德，其次有立功，其次有立言，虽久不废，此之谓不朽。"该篇把修养官德列在建立功业、著书立说之前，对官德的重视程度可见一斑。

我们党自成立之日起，就要求党员干部加强修养。抗日战争初期，毛泽东明确指出，全党要更加普遍、更加深入地进行"马克思列宁主义的修养"。刘少奇1939年做的《论共产党员的修养》演讲，对共产党员修养的必要性、内容和方法作出全面阐述，至今依然闪耀着理性的光辉。一代又一代党员领导干部努力提高道德修养和党性修养，不断涤荡"尘埃"，勇于锤炼党性，使党焕发出勃勃生机。

官德从来无根，却可树人；好书并非药品，但能治病。官德修养决定着道德行为。各级领导干部要克服精神懈怠、能力不足、脱离群众、消极腐败的危险，担当起执政为民、兴党兴国的重任，经受住执政考验、改革开放考验、市场经济考验和外部环境考验。保持党的先进性和纯洁性，一定要注重以德修身，以身作则，率先垂范，作出表率，凝聚起党心民心，形成推进中国特色社会主义事业的强大力量。

官德自律的原动力来自官德修养，但这种修养之形成离不开官德教育。马克思在起草《国际工人协会共同章程》时强调："每一个支部对它新接受的会员的品质纯洁负责。"

官德教育是官德建设的基本途径之一，是各级党委和纪委的经常性工作，对于提高党员领导干部的思想道德素质，遵守党纪政纪，远离职务犯罪，不犯或少犯错误，起着潜移默化和治本固基的作用。只有把领导干部道德自律与他律有机结合，多管齐下，内外兼修，才能提升官德，率先成为全社会的德行楷模。

为此，应在官德教育中改进方式，整合资源，要夯实官德教育的思想基础：学习马克思主义基本理论，学习社会主义核心价值体系，不断提高理论素养和道德素养；帮助党员领导干部树立正确的世界观、权力观和价值观，使官德建设有明确的道德要求和价值目标；启迪党员领导干部的良知，培养官德主体的良好德性，模范践行社会公德、职业道德、个人品德、家庭美德，恪守其善的一面，抑制其恶的一面；深入开展示范教育、警示教育和岗位廉政教育，经常提醒党员领导干部，"小木鱼"勤敲，"警世钟"长鸣，引导他们珍惜工作岗位，珍惜个人名誉，珍惜家庭幸福，增强拒腐防变能力。

我们有些领导干部官德失范，固然与其思想作风有关，但是组织制度、工作制度方面的问题更重要。制度约束在官德建设中带有根本性、全局性、稳定性和长期性。因此，必须注意寻求官德建设的外控路径——建构制度，靠制度约束。法国社会学家孟德斯鸠说过："一切有权力的人都容易滥用权力，这是一条万古不变的经验。""没有制约的权力必然走向腐败，绝对的权力导致绝对的腐败；道德约束不了权力，权力只有用权力来约束。"

国外官德建设的经验表明，把最基本的官德要求以制度的形式确定下来并加以推行，是加强官德建设的一条重要途径。官德的核心问题就是用权。掌握权力的人如果没有制度制约，好人也可能被权力腐蚀而犯错误；官德缺失就会造成权力滥用、腐败滋生。邓小平有句名言："制度好可以使坏人无法任意横行，制度不好可以使好人无法充分做好事，甚至会走向反面。"

因此，必须从制度上筑起一道防线，建立一套规范、一个体系，包括设计科学的道德评价指标体系；建立领导干部个人道德档案，强化领导干部选拔任用过程中的道德导向；建立道德奖惩机制，形成一套测评领导干部道德的有效机制，与领导干部的奖励、升迁等挂起钩来；建立道德警示制度和评议制度，充分发挥媒体与人民群众的道德监督和评价作用；建立领导干部道德责任体系和责任追究制度，体现在对"钱、权、人"和"物资流、资金流、信息流"的有效监督管理和闭环控制上，形成用制度规范从业行为、按制度办事、靠制度管人的制衡控制机制。通过制度建设，努力形成保持领导干部作风纯洁性的工作机制，发挥制度的规范和保证作用，使道德"软约束"获得制度"硬杠杠"的威力。在制度面前没有特权、制度约束没有例外，让领导干部不敢贪、不能贪。

许多事实说明，缺少对党员领导干部的监督，就会使有的领导干部产生"刑不上大夫"的错误思想，认为监督不到自己头上，甚至有恃无恐，胆大妄为，出现腐败。一位网友在微博上留言："反腐败是一个说了多少年的话题了！一方面党和政府加大了反腐败的力度；另一方面腐败犹如杂草枯了又荣，荣了又枯。反腐败除了加强制度建设以外，还要从限制党政'一把手'的权力抓起，使他们的决策置于人民群众的有效监督之中。"

要使每个权力行使者都具有权力的行使者和权力的制约者的双重身份。权力的行使者不仅受到其他权力的约束，而且也同时约束着其他权力；自觉接受监督，促使自己对不该为的事情"不能为"。将组织的监督、司法的监督与舆论的监督、公众的监督有机结合起来，把监督的关口前移，把事前监督、过程监督和事后监督有机结合起来，做到领导干部的权力行使到哪里，领导活动延伸到哪里，就监督到哪里，使所有领导干部都能时刻感受到有一双"道德的眼睛"在紧紧盯着他。其侥幸心理必然大打折扣，就会更加自重、自省、自警、自律。

抓好监督工作需要牵住"牛鼻子"。这个"牛鼻子"就是一个组织的主要负责人——党政"一把手"。"一把手"的一言一行、一举一动，对干部群众有着举足轻重的影响。辽宁沈阳的慕绥新和马向东案件，涉案的有23名主要领导干部，有17人是"一把手"。黑龙江的马德案件中，向其行贿送礼的"一把手"就有56人，占向其行贿送礼的党员干部的53%。应当切实改变对"一把手"的监督"上级监督太远、同级监督太软、下级监督太难"和表面监督多、实际监督少的现状，把监督"一把手"作为监督的"重中之重"。要严格执行领导干部述职述廉、诫勉谈话、函询等制度，进一步深化党政主要领导干部经济责任审计，推进党政领导干部问责工作。在健全监督机制中"锁住滋生腐败的门",在严格管理中"盯住花钱的手",在强化监督中"封住违法违纪的路"。

上级领导监督下级"一把手",就要坚持对下级"一把手"考核。要全面地考核下级"一把手"的德,既看其政治思想觉悟和品行,又看其在创造政绩过程中表现出的思想和作风,防止以绩掩德或用成绩代替对德的评价。对下级"一把手"德的考核要注重群众公论,突出德在干部标准中的优先地位和主导作用,把德的考核结果体现到干部的选拔任用、培养教育等各个方面。要听取方方面面的意见和反映,防止"走马观花"、"雾里看花"。要敢于坚持原则、坚持标准,以品德作风和工作绩效论优劣,该提醒的及时提醒,该警示的及时警示,该处罚的严厉处罚,不要怕得罪下级丢选票,不要借口"没有功劳也有苦劳"而予以迁就袒护。应强化监督者的权威,赋予监督者较大的权力,对监督者工作失察、监督不到位、或故意放松监督的,都要予以责任追究。

加强对领导人员"八小时以外"活动情况的监督,不留空白,不留盲点。这是对领导人员权力行使进行监督的一种延伸和拓展。领导人员的"八小时以外",避开了工作岗位的约束,大多由个人自由支配,监督的难度较大。应研究制定领导人员"八小时以外"的行为规范,不给任何官员的权力寻租行为以逃避监督的机会,把监督的触角伸向领导人员的"社交圈"、"生活圈",获取领导人员的真实情况,发现"官德"缺失现象及时进行诫勉谈话,限期改正,发现腐败问题严肃执纪,直至清除出干部队伍。

加强新闻舆论监督和社会舆论监督。新闻媒介和公众的监督、网络监督在监督领导干部方面有着一定的震慑作用。个别领导干部违法违纪行为,只要报纸、电视、网站一"曝光",就会立即威信扫地。应敢于揭露和"曝光"领导干部违纪违法行为,形成以正驱邪、匡正官德失范的舆论环境。

《中共中央关于加强和改进新形势下党的建设若干重大问题的决定》指出:"把干部的德放在首要位置,是保持马克思主义执政党先进性和纯洁性的根本要求和重要保证。"把道德认识转化为道德行动，要依赖组织的教育和监督，但关键是靠自身的努力。各级领导干部都要努力提高道德修养，不患位之不高，而患德之不崇，自觉地以道德标准要求自己，时刻注意以德修身，以德为政，以德树威，以德服众，仰不愧天，俯不愧人，内不愧心，成为道德情操高尚、忠诚履职尽责的表率，永葆共产党人的精神家园不受污染，不断升华人生境界，永远保持先进品格和纯洁本色。

忠于人民不爱银

——践行宗旨

"忠",《说文解字》释为:"敬也,从心,中声。"段玉裁注:"尽心曰忠。"在《论语》中,孔子是在肯定意义上使用"尽心竭力"、"诚"、"敬"这些"忠"的基本含义的。"忠"被当做一种普遍的伦理规范和道德要求,贯穿于处己、待人、为政的过程之中。

忠诚,是根据自己崇高的目标献出全部精力乃至生命的一种心态和行为。忠诚,是官德体系中最重要的原则和规范之一,是党性纯洁的重要标志,是衡量领导干部人品的基本准则。忠诚彰显党政干部的官德、政德、美德。忠诚,是一种政治伦理,更是一种政治立场、一种政治品格、一种坚定信念,始终如一地恪守信仰、职责和情操,绝不背叛自己的誓言。忠诚,是一种思想境界,是惠及他人的一种大德,能给人以信赖感。忠诚,是担当各种角色是否合格的一个检验标准。自身价值的创造和实现,依赖于忠诚。有了深厚的忠诚感,生命不再枯萎,会使人生具有不同寻常的意义。

中国的老百姓淳朴、善良、实在,没有奢求。早期的官德由民德发展而来,主要内容是尽忠、尽职,尊卑有序,服从上级。《左传·桓公六年》记有"所谓道,忠于民而信于神也。上思利民,忠也。"春秋时期晏婴说过:"德莫高于爱民,行莫厚于乐民。"

古代的圣贤从来不认为自己有什么了不起,心里想着老百姓。据秦简载,官吏的职责是"除害兴利,慈爱百姓"。

孙中山说过:"要立志做大事,不要立志做大官。"这句名言,有着丰富的内涵,闪烁着理想与信念的光芒。有志气、有抱负的领导干部,都要立足于为人民着想,致力于为人民造福,忠贞不渝,不二其志。

中国共产党从来都把忠于马克思主义、忠于人民、忠于祖国等作为自己的神圣义务和永恒品质。

中国共产党诞生,是开天辟地的大事变:走过了28年革命历程,30年建设岁月,33年改革开放,取得了震古烁今的辉煌成就。国家繁荣富强的根本原因,就在于中国共产党人坚持马克思主义政党的先进性,对人民高度热爱,尽心竭力地为大多数人谋利益,谱写了一篇篇感天动地的忠诚华章。

我们党是把人民利益书写于党章、宣示于誓词、贯穿于行动的政党。毛泽东讲过:"共产党是为民族、为人民谋利益的政党,它本身决无私利可图。"我们的权力是人民给的,人民给我们权力是要我们为人民服务的。人民的利益高于一切,尽心竭力为人民服务,是党性的集中表现,是共产党人权力观的根本要求,是领导干部道德规范的本质内容。刘少奇在《论共产党员的修养》中指出:"我们无产阶级革命家忠诚纯洁,不能欺骗自己,不能欺骗人民,也不能欺骗古人。这是我们共产党员的一大特点,也是一大优点。"

对于党员领导干部来说,忠于人民就是立党为公、执政为民。全心全意为人民服务,就是权为民所用,情为民所系,利为民所谋,认认真真当好人民的公仆。表现为尊民、敬民、爱民、便民。忠于人民是党员领导干部道德的核心,是履行党的宗旨的实践。

中国共产党作为执政党,是受人民的委托来管理国家事务。党员领导干部手中的权力是来自于人民的,这种授权和使用的相互关系也决定了党员干部必须忠于人民,亲民爱民,为人民服务。

我们来自人民，是人民哺育的，是人民培养的。因此，我们不论职位高低、权力大小，都必须忠于人民，不能忘记群众利益、群众路线、群众力量和群众智慧。这是共产党员约束自身行为的最高准则，是党员领导干部忠于人民的道德追求，是必须坚持的执政理念。

周恩来担任共和国总理长达 26 年，身居高位，却对普通百姓始终充满着真挚的热爱。1966 年，邢台发生大地震，他不顾安危，第二天就赶往余震仍在继续的灾区，亲临指挥，慰问群众。1973 年，他重返延安，目睹老百姓生活困难的情景，禁不住潸然泪下，痛心自责："我对不起老区人民。"他忠于人民，始终把为人民服务作为人生的最高准则，殚精竭虑，鞠躬尽瘁。周恩来逝世以后，百万人泪洒十里长街的动人场面，惊天地、泣鬼神。

有一首《共产党员》的歌唱道："你的名字是火焰一团，你的形象是战旗一面。人海里你悄然无语，风雨中你冲锋在前。你的脸平凡，你的心温暖。你的路漫漫，你的肩沉甸甸。啊，共产党员，党的事业装满心间！"

江泽民说："每个党员干部都要廉洁奉公，艰苦奋斗，做到无论在何种情况下都忠诚于党和人民的事业，不改变革命初衷。"（《毛泽东、邓小平、江泽民论社会主义道德建设》）

党的十七届四中全会《决定》指出，要"从政治品质和道德品行等方面完善干部德的评价标准，重点看是否忠于党、忠于国家、忠于人民"。

历经 90 多年，中国共产党人倡导的"官德"，核心就是忠于人民，践行党全心全意为人民服务的宗旨。党员领导干部如何对待和运用权力，是检验其党性强弱、官德好坏的试金石。刘少奇曾多次讲希腊神话中安泰的故事。他强调：我们党不怕蒋介石的飞机、大炮，不怕美帝国主义，"但是共产党怕一件事，就是怕脱离群众。脱离群众，就会像希腊神话中的安泰一样，要在半空中被敌人勒死"。胡锦涛反复强调，全党同志要进一步加强道德修养，切实做到为民、务实、清廉，权为民所用、情为民所系、利为民所谋。

始终不渝地忠于人民,保持同群众的血肉联系,是区别和优越于其他社会形态官德的显著标志,是我们党战胜各种困难和风险、取得事业成功的根本保证,是党员领导干部优良的政治品德。只有坚定不移地践行立党为公、执政为民的宗旨,诚心诚意地为人民谋利益,才能经受住长期执政、改革开放和发展社会主义市场经济的考验,才能获得事业发展、社会进步的力量源泉,才能在中国社会发展进步中始终引领时代潮流。

温家宝在2012年3月14日答中外记者问时坦言"将在最后一年守职而不废,处义而不回,永远和人民在一起","入则恳恳以尽忠,出则谦谦以自悔","我将像一匹负轭的老马,不到最后一刻绝不松套",体现了共和国总理内心深处的人民情结。

全心全意为人民服务是中国共产党的最高准则,是共产党人的庄严承诺。党的一切奋斗和工作都是为了造福人民。作为党员领导干部,无论何时何地,都不要忘记:自己或者父辈来自老百姓,身上有着草根基因。在任何时候、任何情况下,都要强化宗旨意识,坚持群众路线,处理好领导干部与群众的鱼水关系、血肉关系、舟水关系、种子与土地的关系、公仆与主人的关系,与人民群众同呼吸共命运的立场不能变,全心全意为人民服务的宗旨不能忘,坚信群众是真正英雄的历史唯物主义观点不能丢,必须加强思想道德修养,加强党性锻炼,始终真心诚意地为人民谋利益。

正确行使权力,把权力用于为人民谋利益,是中国特色社会主义官德的显著特点之一。权为民用不仅是社会主义官德的出发点,也是社会主义官德的根本目的和最终归宿,是官德建设最本质的价值取向和道德要求。

能否用好手中权力,关系到能否坚持全心全意为人民服务的宗旨,关系到我们党和国家能否变质的大问题。邓小平曾经告诫说:"我们拿到这个权以后,就要谨慎。不要以为有了权就好办事,有了权就可以为所欲为，那样就非弄坏事情不可。"

习近平说，我们社会主义国家的一切权力，都是我们党领导全国各族人民经过新民主主义革命和社会主义革命取得和实现的，都是属于人民的；我们党作为执政党是代表工人阶级和全体人民在全国执掌政权，共产党员和领导干部手中的权力都是人民赋予的；我们所有党员和领导干部手中的权力，只能用来为人民谋利益，而绝不允许搞任何形式的以权谋私。习近平指出，马克思主义权力观概括起来是两句话：权为民所赋，权为民所用。这是最深刻的从政道德，是衡量和检验作风纯洁的最直接最现实的标准。

孔繁森的一生经历和全部行为，都是他忠于人民、热爱人民、服务人民的公仆情怀的横向展开，都是他党性原则的具体体现。孔繁森第一次去西藏工作时，他母亲近80岁高龄，而且瘫痪在床，不能自理；妻子常年有病；身边还有3个未成年的孩子。他孝敬父母，热爱妻子、儿女，但是，他响应党的号召，去了条件最艰苦的西藏。

孔繁森把领导干部正确行使权力的过程等同于自觉地为人民服务的过程。他不仅把精力全部用在了党的事业上，而且把个人的微薄收入也几乎全部用于人民，甚至将妻子省吃俭用节约下来的准备用做家庭"基本建设"的钱，也用在了西藏贫苦的老人和孩子身上。

孔繁森先后两次远离故园、远离亲人，共在西藏任职10年，把爱的种子播撒在藏族人民心中，心系西藏的建设，无怨无悔地忘我工作。他常说的一句话是："一个人爱的最高境界是爱别人，一个共产党人爱的最高境界是爱人民。"孔繁森的感人事迹中蕴涵着人生哲理，朴实的作风中映射出熠熠光彩。孔繁森在物质上是清贫的，但在精神上是富有的！

人民的好警察、党的好干部、河南省登封市公安局原局长任长霞，有一颗爱民亲民、淳朴善良的心。不论是面对被恶人打破头的大娘，还是被黑势力伤害的老汉，还有孤苦伶仃的孩子，她都那样亲切关心。在她心目中，老百姓最亲，人民利益最重。她做了许多不起眼的小事情，不仅自己乐于去做，而且尽力做好。在她的带领下，一个个大案要案被侦破，一个个犯罪团伙被打掉，还了登封市60多万群众"一片晴朗的天空"。她把全部的心血奉献给了人民。她牺牲后，当地10多万群众自发地为她送行。

目前，领导干部脱离群众的危险性与危害性比新中国成立初期大大增加。一些领导干部官本位意识较浓，居庙堂之高，不忧其民，更谈不上忠于人民、一心为民。如果干群关系继续恶化，完全可能出现"水能载舟、亦能覆舟"的局面。

领导干部一定要以高度的政治责任感和使命感正确对待这个问题。淡化宗旨意识，脱离群众，冷漠群众，不仅是态度问题、感情问题，更是政治立场、政治本色问题。私心膨胀，丢掉宗旨，贪婪不止，必然跌跟头。由于市场经济具有趋利性，由于对外开放过程中资本主义腐朽思想乘隙而入，使人们的思想、价值观呈现多元化，导致拜金主义、享乐主义等消极腐败现象的滋生和蔓延。因此，不能须臾离开自身修养，做到立身不忘做人之本，为政不移公仆之心，用权不谋一己之私，坚持立党为公、执政为民，不与民争利，永葆共产党人的本色。

应保持清醒的头脑，立党为公，执政为民，耐得住工作的辛苦，远离财色，善自操守。领导干部要与群众"一样"又"不一样"，"一样"就是不管当了多大的官，还是一个老百姓，不能搞任何特殊。否则，就离犯错乃至犯罪不远了。越是掌握实权，越是职位升高，就越要树立正确的权力观，艰苦奋斗，淡泊名利，不为贪欲所俘，杜绝"付出太多、得到太少"的失衡心理，不断强化"公仆"意识和宗旨意识，坚守共产党人的精神家园，以良好的党风带动民风。

没有党性原则的导航，人生便如一叶失去方向的小舟，终究会倾覆于汹涌澎湃的海洋。每天面对高墙电网而失去人身自由的人，才倍感曾经拥有的东西多么珍贵。放弃执政为民的宗旨，便是自绝于党和人民，最终逃不脱正义的谴责和审判。

官高不泯公仆心，位显愈添赤子情。"乐民之乐者，民亦乐其乐；

忧民之忧者，民亦忧其忧。"我们把群众放在心上，群众才会把我们放在心上；我们把群众当亲人，群众才会把我们当亲人。我们要把群众当亲人、当朋友、当老师看待，保持身心永远和群众在一起。

坚持党的宗旨最根本的问题是要解决"人活着为了什么"和"为什么人而活着"这个世界观、人生观、价值观的根本问题。如果只是为自己、为家庭而活着，活着的意义是很有限的，人生的色彩便黯淡无光。

胡锦涛在庆祝中国共产党成立90周年大会上的讲话全文1.4万多字，其中"人民"一词用了136次，平均每104个字里就有一个，可见"人民"在党心中的分量。胡锦涛指出："90年来党的发展历程告诉我们，来自人民、植根人民、服务人民，是我们党永远立于不败之地的根本。以人为本、执政为民是我们党的性质和全心全意为人民服务根本宗旨的集中体现，是指引、评价、检验我们党一切执政活动的最高标准。""每一个共产党员都要把人民放在心中最高位置，尊重人民主体地位，尊重人民首创精神，拜人民为师，把政治智慧的增长、执政本领的增强深深扎根于人民的创造性实践之中。"

人民的公仆把人民当成父母一样敬重、关爱，把权用在人民身上，把情系在人民身上，把利谋在人民身上，把解决人民最关心最直接最现实的利益问题放在工作首位，以此作为检验作风纯洁性的试金石。

党员领导干部一时一地为人民谋利不难，难的是一辈子都为人民服务。因而，在为人民服务过程中，要做到思想纯洁、作风质朴、工作务实、为人实在，始终全心全意为人民服务。

为人民服务包含着为人民眼前、局部利益服务和为人民长远、根本利益服务两层含义。党员领导干部为人民服务，既要注重人民眼前利益、局部利益，更须注重人民长远利益、根本利益。

要把群众呼声作为第一信号，把群众需要作为第一选择，把群众满意作为第一标准，把为人民服务作为终身追求，一切从群众的利益出发，不说群众不爱听的话，不做群众不拥护的事，始终同人民群众心连心，这样才不会颠倒主仆角色，保持纯洁本色，不会腐败变质，不会被人民所抛弃，才能永远立于不败之地。

我们共产党员自入党那天起，就是党的人，就要把全心全意为人民服务视为自己的天职，当做自己的座右铭，先忧后乐，以身作则，敢于担当，奋斗拼搏，毫无保留地贡献自己的聪明才智，为人民建功立业，直到生命的最后一刻，书写有益于人民、无愧于历史、不负于前辈的崭新华章！

咬定目标不放松

——志存高远

　　理想，是人们在实践中形成的具有实现可能性的对未来的向往和追求，是一个人的政治信仰和世界观、人生观、价值观在奋斗目标上的具体体现。理想，是人的认识、思考、评价、预见、追求、决心、意志、毅力的综合体现，是工作、学习、生活的根本动力，是人生的事业与生活的精神支柱。

　　信念，是人们在一定认识基础上确立的对某种理论主张或思想见解及理想坚信不移和身体力行的状态。信念具有稳定性、执著性、多样性的特征。我们要有理想，还要有实现理想的坚定信念和奋斗精神。

　　领导干部道德修养要从大处着眼，志存高远。戴尔·卡耐基说："拥有更美好的人生，得先给自己一个奋斗的方向，决定自己的生活方式，这是幸福的起点。"领导干部一旦树立了正确的、远大的理想，人生就有了崇高的目标，就有了人生的准确定位，就有所追求，他们的官德修养才有自觉性和持久性，就会为了实现理想而发挥更大的心力，挖掘自身的潜力，时时牢记目标，在思想上扎根，将它化为行动，为人生开辟坦途，人生的光辉至此粲然可见。

　　如何在宝贵的人生中演绎好这首理想之歌，此乃人生的真谛。理想描绘出你生命的曲线，增添你生命的光辉。《做最好的自己》一书作者李开复说："好的理想不仅可以激励你奋勇前行，还可以引导你做出重要的决定,就此而言,它也是你最好的智囊。"

有了为之奋斗的理想和信念,是党员干部最基本的品德,能使人具有崇高的人生目标、庄严的社会责任感和历史使命感,具有高尚的情操和勇于献身的品格。

党员领导干部只有坚定理想和信念,才能夯实官德的基础,迸发出奋进的热情,在困难面前不悲观,在诱惑面前不动摇,在复杂环境中不迷失。

共产主义远大理想和社会主义信念,是党员领导干部的立身之本,是党员领导干部道德建设的核心内容。共产党就是为最终实现共产主义社会而奋斗的党,共产党的名称中就蕴涵着共产主义理想的必然逻辑,党员领导干部就是立志为共产主义事业献身的人。

共产主义作为科学的理论体系和实践活动,早已存在于现实社会之中。在中国,这种实践活动从我党成立的第一天就开始了。

在民族危亡的紧急关头,一艘红船缓缓驶来,毛泽东等13名优秀青年,代表当时中国50余名党员,来到南湖的这艘小船上,宣告了中国共产党的诞生。灾难深重的中国人民从此有了可以信赖的组织者和领导者,中国革命有了坚强的领导力量。这是"开天辟地的大事变"。正如董必武所言:"烟雨楼台,革命萌生,此间曾著星星火;风云世界,逢春蛰起,到处皆闻殷殷雷。"

肖华创作的《长征组歌》写道:"雪皑皑,野茫茫,高原寒,炊断粮,红军都是钢铁汉,千锤百炼不怕难。雪山低头迎远客,草毯泥毡扎营盘。风雨侵衣骨更硬,野菜充饥志越坚。官兵一致同甘苦,革命理想高于天。"

自从盘古开天地,三皇五帝到如今,有这样的无与伦比的革命壮举吗?有如此扭转乾坤的神奇伟力吗?有这样伟大辉煌的成就吗?没有!中国的历史进入了崭新的纪元,沧桑的华表有了神圣的尊严,人民扬眉吐气,祖国春光明媚,生活欣欣向荣。

坚定的理想信仰,是前进的号角、力量的源泉。在我们党的历史上，革命先辈为什么能像雄鹰一样飞到欧洲和苏俄去感受革命的风暴，去寻求救国救民的真理？为什么无数优秀的共产党员在白色恐怖里驱虎豹，在炮火纷飞中动刀枪，冲破"敌军围困万千重"，爬雪山、过草地、涉沼泽、眠雪野，表现出无与伦比的英雄气概？这就是理想的召唤，就是信仰的力量。"一代代共产党人，把理想和信念熔铸在血脉之中，标注下思想的纯洁、目标的纯净、行为的纯粹。"

崇高的理想是党员领导干部克服艰难险阻的精神力量。崇高的理想是人生的动力，能使人不畏艰险，永葆青春和朝气，激励进取精神。恩格斯说："有所作为是生活中的最高境界。"

90多年来，我们一代又一代的共产党员、领导干部和人民群众在党的领导下进行的革命斗争和社会主义建设，改变了古老民族沉沦百年的命运，也将文明古国推进到了社会主义现代化的航道，战胜了种种艰难险阻，创造了惊天动地的伟业。正如邓小平指出的那样："为什么我们过去能在非常困难的情况下奋斗出来，战胜千难万险使革命胜利呢？就是因为我们有理想，有马克思主义信念，有共产主义信念。"(《邓小平文选》第3卷，第110页)

胡锦涛在《在纪念红军长征胜利70周年大会上的讲话》指出："在艰苦卓绝的长征中，英勇的红军将士之所以能够视死如归、浴血奋战，之所以能够战胜人世间难以想象的千难万险，就是因为他们心中有着为人民解放和民族自由而奋斗的崇高理想和坚定信念。崇高理想，坚定信念，是凝聚人心、催人奋进的伟大旗帜，是战胜困难、赢得胜利的力量源泉。"

从党员领导干部成长来看，一个共产党员在组织上入了党，并不等于理想和信念问题完全解决了；职务升迁了，权力增大了，理想信念并不是随之自然的增强。有的领导干部错误地认为，谈理想太空，谈信念太远。许多事实说明，理想、信念不是空洞、抽象的，不是可有可无的小事，而是具体、实在的，是精神生活的核心，深刻影响和制约着党员干部的思想和行为。理想信念不论在过去、现在和将来都丝毫不能动摇。理想和信念出了问题，也就动摇了共产党人的根本政治立场，就必然会偏离正确的政治方向，就会出一系列的问题。

据美国学者1991年5—6月对苏联进行的调查研究表明，当时苏联民众中赞成资本主义制度的只有17%，而统治精英中却高达76.1%。正是苏联的领导阶层自己放弃了理想，促使苏联的红色政权毁于一旦，在世界版图上成为旧迹。

理想是引航的灯塔，信念是推进的风帆。丢失了理想和信念，就丢失了方向和动力，就会随处漂泊，沉没于急流险滩。

精神支柱是政党组织、党员干部的理想信念和精神状态。共产主义远大理想和社会主义信念，是我们党具有先进性的根本标志。"柱弱而屋坏，辅弱而国倾。"如果动摇或丢掉了共产主义的理想和信念，在行动上失去了共产主义思想体系的指导，就不能站稳立场，导致是非模糊，目光短浅，思想空虚，缺乏高尚的精神境界，就会有太多的眼前利益，难以抵御各种潜规则、坏风气的侵蚀和污染，就不能正确地贯彻执行党的路线、方针、政策。正确的东西没有去占领，错误消极的东西就会乘虚而入，甚至会导致思想道德失落，精神支柱崩溃，就不能为人民执好政、掌好权。

从一些单位近几年发生的案件情况看，尽管各级党政组织三令五申，但贪污、受贿、违反财政法规等案件仍然时有发生，党风廉政建设和反腐败斗争呈现出成效明显和问题突出并存，防治力度加大和腐败现象易发多发并存，群众对反腐败期望值不断上升和腐败现象短期内难以根治并存，犯罪败露落马的干部较多，基层年轻干部违法违纪凸显，比例较高。

违法犯罪人员在干部队伍中是少数，但这个少数不可忽视，不能只用量变积累到一定程度会发生质变来衡量，来简单套客观实际。"上梁不正下梁歪"，上梁只有一根，是少数，然而是要坏大事的。

有些党员领导干部对党的理想信念产生了动摇，对马克思主义信仰不坚定，对中国特色社会主义缺乏信心，台上讲慷慨正义之词，台下想升官发财之路，平时干肮脏龌龊的勾当，正是官德失范的表现。那些"盯着位子、想着票子"的"禄蠹干部"，那些"拿点儿应当、贪点儿没事"的"蛀虫干部"，其作风不正、立场不稳甚至违法乱纪的背后，正是丧失理想信念、丢失原则立场，在是与非上的含糊和动摇，甚至触碰了官德底线。

从近些年来查处的腐败分子的忏悔来看，丧失理想信念是他们违法犯罪的最根本原因。贪权、"弄钱"的欲望产生，理想信念也就从根本上产生了动摇。精神支柱的坍塌，政治道德的滑坡，只讲索取不讲奉献，只讲人情不讲原则，只讲关系不讲党性，只讲义气不讲正气，不珍惜名誉，不珍重人格，不树立正确的权力观、利益观，就必然会自食其果、身败名裂。

坚定共产主义的理想和信念，是一代代共产党人一生中政治修养的要义，战胜艰难险阻的精神支柱，开创伟大事业的力量源泉，拒腐防变的思想武器。领导干部的理想信念决定其政治观点、政治立场、政治觉悟、政治辨别力。

习近平在中央党校2010年秋季学期开学典礼上的讲话中指出："一个国家、一个民族、一个政党，任何时候任何情况下都必须树立和坚持理想信念。如果没有或丧失理想信念，就会迷失奋斗目标和前进方向，就会像一盘散沙而形不成凝聚力，就会失去精神支柱而自我瓦解。"

党员领导干部树立和坚持崇高的理想信念，就有了"主心骨"、"定盘星"，站得就高了，眼界就宽了，心胸就开阔了，就能厘清历史的脉络，把握时代的主线，坚持正确的政治方向，科学地观察事物、判断形势，在胜利和顺境时不骄不躁，在困难和逆境时不消沉不动摇，经受住各种考验。

"都说是后羿射日救苍生，怎比那无私奉献的共产党人。"共产主义的实践活动就在我们身边。我们理直气壮地讲共产主义理想，就是讲在建设中国特色社会主义的过程中为共产主义而奋斗。为中国特色社会主义而奋斗与为共产主义而奋斗，是同一方向的伟大事业。

习近平说:"共产党员要志存高远,胸怀共产主义远大目标,并把这种远大理想落实到脚踏实地、扎扎实实做好当前的本职工作上,始终保持良好的精神状态,敢于面对矛盾和问题,矢志不渝地为中国特色社会主义事业不懈奋斗,努力成为坚定理想信念的先锋模范。"

共产主义远大理想和社会主义信念是党员领导干部成功的基石,追求的源泉,是奋斗的动力,前进的坐标。只有坚定人生志向,咬定奋斗目标,把个人理想与社会理想统一起来,把远大理想和现实努力统一起来,才能为人民掌好权、用好权,才能提高自己的思想境界,经受住来自方方面面的考验,才能在关键时刻,在突发事件面前,立场坚定方向明,旗帜鲜明不动摇,才能具有一往无前的勇气和力量,什么困难都能战胜,什么环境都能适应。书写人生美好的成功乐章,永远属于具有崇高理想、坚定信念的艰苦奋斗的人们。

莫喜奴颜重德行
——选贤任能

以德为先，选贤任能，是我们党的组织路线的原则，是加强和改进党的作风建设的重要方面，是提升领导力的核心，是当今领导科学中最为热门的话题，也是各级领导干部的从政之德和重要职责。

善用贤才，把住干部队伍的"入口关"，首先要识人。不识人不可能善任，不知人只会盲用。然而，识人之事，自古称难。大千世界鱼龙混杂，有些时候真假难辨。因此，观察了解一个人远比观察一个景物复杂得多。唐太宗有言："人才难得更难知。"白居易曾说："行路难，不在水，不在山，只在人情反复间。"

宋代陆九渊说："事之至难，莫如知人；事之至大，亦莫如知人。"智商高者不等于会识人，也有迷惘、迷惑的时候，也有良莠分不清、大材小用、庸才重用的时候。

在用人的问题上，我们当然要注意不用坏人，但好人和坏人都没有在额头上贴标签，这就需要靠我们去识别。怎样识别呢？单凭直观感觉，难以真正知人。用求全责备的眼光来看待人，则无人才可言。

领导者应具有识才慧眼，亦即具有科学的人才观。识才要看实质，不能光看表面。看实质就是看其在德、廉、勤、绩、能等各方面的实际表现，而不能光看文凭、资历。学历资历不高的人，也不一定就不是人才。

陈云当过多年的中央组织部部长,他认为在识别干部中要克服两种毛病:"第一种毛病是用一只眼睛看人,只看人家一面,不看全面,不能面面都看到;第二种毛病是只看到这个人今天干了什么,没有看到他以前干些什么,只看到他本领的高低,没有看到他本质的好坏。"(《陈云文选》,第1卷,第110页)

党员领导干部不仅要考察选准人,而且要正确使用人。司马光在"臣光曰"中对于用人方式方法做了精辟的阐述。他强调:"为治之要,莫先于用人。"陈云说过:"政治路线确立了,要由人来具体地贯彻执行。由什么样的人来执行,结果不一样。"

"德"强调的是思想、品行,包括政治立场、思想品质、道德观念、工作作风、工作态度、自律意识、纪律观念等等。"才"强调的是才智和能力。德为基础、为先导,德靠才来彰显,才靠德来统帅。有德无才的干部会贻误事业,有才无德的干部会毁掉事业,德才兼备的干部才能开创事业。以德为先,就是在选拔任用干部时要以"德"为前提、"德"为先决,失去"德",就失去了提拔重用的基本资格。

选贤治国,这几乎成了许多思想家、政治家的共同话题。周公力主"惟听用德"。《论语》有"举贤才"的主张。孔子说:"选用正直的人,把他安置在邪曲的人之上,百姓就会服从。选用邪曲的人安置在正直的头上,百姓就不服从。"他认为,有才而无德,犹如豺狼而贻害人间。儒家经典《四书》中的《大学》,开宗明义就指出:"大学之道,在明明德,在亲民,在止于至善。"《孟子》有"尊贤使能"的主张。他说:"不信仁贤,则国空虚。"用人能否以德为先,关系到人民福祉、国家兴衰。

韩非子在选贤任能方面有许多独到的见解。他在《显学》中写下了"宰相必起于州郡,猛将必发自卒伍"的名言。《韩非子》主张,国之明主必须"进贤才劝有功"。他在《说疑》中谈到,英明的君主选用贤良优秀人才,斥退奸邪之人,因此使诸侯顺服。……尧斥退儿子朱丹,舜排除儿子商均,启流放儿子五观,商汤放逐孙子太甲,武王镇压了他的弟弟管叔和蔡叔，是因为他们危害国家。

在选拔官员上，德与才，到底哪个才是选拔官员最重要的依据呢？春秋后期晏婴认为，国有三不详，即"有贤而不知，一不详；知而不用，二不详；用而不信，三不详"。从政者必须崇尚、尊重、任用贤能的人。

唐太宗认为，一位好的官员应具备四善：即"一曰德义有闻，二曰清慎明著，三曰公平可称，四曰恪勤匪懈。"（《唐六典·吏部·考功·郎中》）魏征把德礼看做立国之本，说："臣闻为国基于德礼，保于诚信。"（《新唐书·魏征传》）确立了德礼，就会受到尊敬，被四方效法；树立了诚信，就会形成良好的社会风气。洪应明在《菜根谭》里指出："德者，事业之基，未有基不固而栋宇坚久矣。"诸葛亮重才，但更看重德，他主张选用忠诚、坦率、廉洁的贤人，远离"奸伪悖德之人"。

单纯以资历、级别、门第论人和用人，以个人好恶和私人关系识人和用人，必然多用庸才，失去人才，贻误事业。司马光反对以门第、资历、年龄作为选人的标准。他认为："选举之法，先门第而后贤才，此魏、晋之深弊而历代相因，莫之能改也。"

在选人标准方面，司马光认为"贤"字为重。"臣闻用人者，无亲疏、新故之殊，惟贤、不肖之为察。"他认为，若是重用了不贤的亲故，则是不公正的；若因为是亲故而不用其贤，也是不公正的。要以德为帅，以才为基础。

司马光在《资治通鉴》中提出："才者，德之资也；德者，才之帅也。……是故才德全尽谓之'圣人'，才德兼亡谓之'愚人'；德胜才谓之'君子'，才胜德谓之'小人'。"由此，他提出："取士之道，当以德行为先"，"凡取人之术，苟不得圣人、君子而与之，与其得小人，不若得愚人"。——德才兼备，称之为圣人；无德无才，称之为愚人；德胜过才，称之为君子；才胜过德，称之为小人。司马光有个重要的主张：在选拔官员的时候，如果遇不上德才兼备的圣人、"德胜才"的君子,那就情愿用"才德皆亡"的愚人,也不能用"才胜德"的小人!因为君子持有德,把它用到善事上;而小人持有才干,就会用来作恶。持有才干做善事,能处处行善;而凭借才干做恶事,就无恶不作了。

德才兼备,选择有先后。周威烈王二十三年,赵、韩、魏三个诸侯国在晋阳大败晋国智瑶的军队,并瓜分了智家的领地田土。在谈及智瑶灭亡原因时,司马光评论说,智瑶的灭亡,在于他多才少德。

领导者要有辩证思维的头脑,把德与才看做一个有机的整体,既不能割裂,也不能偏废。就是说,坚持德才兼备、以德为先,要体现两点论和重点论的统一,既要重德重才,又不能重德而轻才,更不能只看才而忽视德。有"德"无"才",等于有舵无桨,船难以启动;有"才"无"德",等于有桨无舵,船会迷失方向。也就是说,离开"德","才"就失去了正确的方向;没有"才","德"就成为空洞的东西。所以,必须是德才兼备,二者不能偏废。

赵匡胤是个很聪明的开国皇帝,是一位非常大气的政治家,显示出一种富有人性魅力、在历代帝王中罕见的王者风范。他在政治、军事等方面进行改革,结束了藩镇割据、常年混战的历史局面,为两宋320年江山打下了坚实基础。赵匡胤在用人上能够做到用贤德之人,不用奸佞之人。

曹彬,比赵匡胤小四岁。曹彬的姐姐为皇妃,因而贵为皇亲国戚。后周世宗时,曹彬任供奉官,管世宗皇帝柴荣的饮食茶酒之用。当时赵匡胤为后周大将,喜欢喝酒,便常去曹彬那里要酒喝,而且常能得到。后来才知道他所得到的那些酒,全是曹彬自掏腰包到街市上买来的。于是问曹彬:"我正因为你常管酒,所以才来向你要酒喝,你怎么去到街市为我沽酒呢?"曹彬说道:"我掌管的是官酒,怎么能私自动用呢?"对于这件事,赵匡胤印象很深。登基以后,在与臣僚说起后周世宗旧臣时,他深有感触地称赞道:"不敢负其主者,独尊彬耳。"曹彬贤德如此,自然得到了赵匡胤的赞赏,后为赵匡胤所倚重。

赵匡胤是知人善任先贤行列中的佼佼者。那些善于溜须拍马、看风使舵、阿谀逢迎、谄媚取宠的人，在赵匡胤面前，只能得到鄙视，而得不到重用。

范仲淹《选任贤能论》说："得贤杰而天下治，失贤杰而天下乱。"一个国家没有道德高尚、才智出众的贤臣，却能实现富强，危难之中求得安定，是从来没有的。三军易得，一将难求。不要怠慢、排挤、失去贤才，是何等重要啊！一些地区、一些单位种种用人失误，有的是不按规则、程序，刚愎自用而只凭一己之见，去选拔人；有的是疑忌正直之士而被假象所迷惑，偏信拨弄是非、过河拆桥的进谗言者之言；有的过于偏重民主评议投票；有的是对人才求全责备，舍长取短，导致人不能尽其才，才不能尽其用，喜欢的事不能做，做着的事并不喜欢，结果成事不足，败事有余。

德才兼备、以德为先的用人标准，是吸纳英才、成就伟业的重要保障，也是我们提高执政能力、立党为公执政为民的重要基础。许多事实证明，一些领导干部出问题往往不是出在能力上，而是出在道德上，无论玩忽职守还是以权谋私，都与德的缺失相关。

一段时期以来，在一些地方，偏重了干部的才，忽视了干部的德。片面强调"能人"的作用，忽视了日常行为的监督与约束，有的人有才但没有用在正道，最终还是因为道德的泯失而走上了犯罪的深渊。

坚持德才兼备、以德为先，就是要克服重政绩、轻德行、重能力、轻德性的片面倾向，就是要不让老实人吃亏。李源潮说："要重视关心老实人、正派人、不巴结领导的人，防止任人唯亲、唯近。"品德高尚的领导者，会用自己的才干为人民做更多的事；品德低下的领导者，会用自己的才能谋取私利，损害他人。

有的人胸无点墨，不学无术，德能平庸，甚至劣迹斑斑，但照提不误；有的人升迁之快，堪称"坐直升飞机"。其中一个重要原因是，和领导关系"走得近"，走进领导的"私生活"，投领导所好（甚至特殊嗜好），讨领导欢心，鞍前马后效劳；有的人舍得用"糖衣炮弹"……送金钱、送美色，"俘虏"领导，达到个人目的。

"跑官要官"与"买官卖官"不同之处，是采取的手段不同。"跑官要官"的手段主要是"跑"和"要"，属于一般性的违纪违规，应给予批评教育或组织处理；"买官卖官"的手段主要是"买"和"卖"，买官者行贿，卖官者受贿，属于严重违纪违法行为，除了一律免去职务外，还要给予党纪政纪处分，直至追究刑事责任。一个干部，如果是"跑"来的官，或是"买"来的官，其任职后是很难做好工作的，相反，极有可能变本加厉，利用职权谋取不义之财，这是一个恶性循环；如果是"卖"官的，其造成的后果更坏。坚决防止和查处此类行为，是党心所向，是民心所向。

只有用好的作风选人，才能选出作风好的人。在干部选任上，绝不让品德低劣、业绩平庸、惯于钻营取巧、跑官要官、买官卖官、情趣低下、视个人利益高于一切的人混进党员干部队伍，走上领导岗位。

有的领导干部实际的品德和能力都没有达到应具备的水平，就予以重用，使其昏昏然，不知所措，那就是有害于他。因此，选拔任用领导干部，应把政治素质和廉洁自律情况放在首位。应当严格按照党政领导干部选拔任用工作规定的原则和程序，来选拔任用领导干部，坚持做到多数人不赞成的不提名，未经组织人事部门认真考核的不讨论，集体讨论干部提拔任用时多数人不同意的不通过，进一步提高考察任用干部的准确率，使党性较强、实绩突出、"口碑"良好、符合大多数人意愿的优秀人才走上领导岗位，担当重任，避免出现"说你行你就行，不行也行"的情况。

对于考察失误、将权力错授给素质差的有违纪行为者，应追究责任。对于选拔干部不按民主集中制程序进行、存在任人唯亲、权钱交易、造成严重损失和恶劣影响的，应追究责任，直至纪律处分。在这方面，大至一个国家，小至一个企业，应牢记无情的历史教训：如果缺少监督，用人失当，弃美玉而抱顽石，势必柱弱者屋坏，辅弱者国倾。

胡锦涛在庆祝中国共产党成立90周年大会上的讲话中说："在新的历史条件下提高党的建设科学化水平，必须坚持五湖四海、任人唯贤，坚持德才兼备、以德为先用人标准,把各方面优秀人才集聚到党和国家事业中来。"

要坚持从党的事业出发,坚持把干部的德放在首要位置,树立注重品行、以德为先、以德服众、以德领才、以德润才、科学发展、崇尚实干、重视基层、鼓励创新、群众公认的用人导向。选人用人应当先"问德",让德成为"硬杠杠"。要着力把德考实考准,真正选拔道德高尚、政治坚定、原则性强、清正廉洁的干部。坚持用事业聚才育才,不拘一格选拔人才,使各类人才创业有机会、干事有舞台、发展有空间。要让那些品德高尚、能力出色、实绩突出、作风正派、群众公认的干部受关注、受尊重、受重用。只有让那些品德低下、能力平庸、不干实事、不敢负责、作风漂浮、品行不端、心术不正、作风不实、群众信不过的人,没有市场、没有位置、没有地位,真正让能干事者有机会、干成事者有舞台,不让老实人吃亏,整个干部队伍才能保持纯洁,才能始终充满蓬勃朝气、昂扬锐气、浩然正气。

珍惜俊才莫猜忌

—— 用人不疑

任用人才，就要充分信任，用人不疑，放心、放手、放权，这是衡量领导干部素质的重要标志之一。

疑人不用，用人不疑，是用人必须遵循的重要原则。对于人才，不仅要委以重任，更重要的是要深信不疑。如果没有起码的信任，处处存戒心，设防线，上下级之间就很难沟通，工作就很难开展。下属一面做事，一面又受到猜忌，窝囊、委屈、伤心地工作，怎么能干好事业、使人才尽快成长呢？

一次，齐国出兵攻打鲁国，鲁穆公排除怀疑，任用吴起为大将军，率兵抗齐。吴起"先以弱示之，而后攻之"，鲁国大获全胜。鲁国大臣们对吴起一举名扬天下，嫉妒得发疯，在鲁王面前诽谤吴起。鲁穆公听信谗言，解除了吴起兵权。

吴起离开鲁国，投奔开明君主魏文侯，受到重用，为魏国巩固了边防，扩大了疆土。魏文侯用人不疑，后来李悝、西门豹等政治家、军事人才纷纷涌向魏国。魏国成为战国初期七雄之首，其重要原因是魏文侯用人不疑。

"害人之心不可有"，说得好，体现一种德性；"防人之心不可无"，对小人要这么做，但对一个国家、一级组织、一个部门选人用人来说，很不适合。用而疑之，是用人之大忌。用人要相信人，不要今天怀疑这个，明天猜忌那个，多一分怀疑猜忌就多一分失误和悔恨，"疑则不用，用而必信"。"有贤而不知，知贤而不用，用贤而不委，委贤而不信，此四者，古今之通患也。"（南朝梁　萧子显《南齐书》）

秦始皇对敬重的人或对其有用的人，则只有威严，不施暴行，所以对茅焦、李斯、尉缭、王翦等，尽管他们多有"不恭"之辞或举动，但嬴政从未想过加害他们，甚至连去官免职的事情也没有，始终重用不疑。

三国时，谋士许攸曾向袁绍报告："曹操被我们包围在官渡，许昌城里一定没有多少兵，正是攻打许昌的好机会！"袁绍却以为许攸与曹操有旧交，骗他上当，误解和扼杀了许攸一片好心和奇袭之计，勒令许攸今后不得来见，导致了惨败结局。如果袁绍知人善任，听取正确意见，"三国"的历史也许是另外的样子。陈寿评论袁绍说："外宽内忌，好谋无决，有才而不能用，闻善而不能纳。"用人疑忌，去贤用佞，乃是袁败之路。

刘备在当阳长坂坡大败时，有人来报："赵云去北方，不找主子了。"张飞说："他今见我等势穷力尽，或者反投曹操，以图富贵耳！"刘备说："子龙肯定不会抛弃我而投奔他人！"赵云忠心耿耿，被称为赤胆忠心的孤胆英雄。

隋文帝有一些政治智慧，但是，他缺乏大局意识，缺少用人不疑的品格。隋文帝对文武双全的高颎非常倚重，可是开皇末年，就因为高颎反对废太子，就诬陷他谋反，直接废为庶人。他对一个最忠诚的老臣如此无情，对其他官员更是缺乏宽厚之心。隋朝开皇初年，隋文帝非常宠信敢讲真话的李德林。后来，改宠能办事的人才苏威。再后来，改宠迎合皇帝好恶的杨素。最后，改宠女婿柳述，一个唯皇帝马首是瞻的人。

纵观各朝代君主，能知人善用、用人不疑而使人尽其才，最突出的可谓李世民。李世民通过总结隋亡的教训和唐初治国经验，提出："能安天下者，唯在用得贤才。"玄武门事变后，李世民召来魏征，质问他说："你为什么出主意叫李建成杀我？"魏征从容答道："如果太子李建成早听我的话，就不会有今天的杀身之祸了。我身为东宫洗马，各为其主，为李建成出主意是我的职责。"

李世民非常赏识魏征的刚直和胆气，也欣赏他的料事才能，因而毫无嫉恨仇视之意，立即任命魏征为太子东宫掌管文书的詹事主管。有人屡次向李世民告房玄龄等人的状，说他们"悉皆朋党比周，无至心奉上"，就差谋反了。李世民终不因谗言而疑忠臣。

用人疑人，是由于自身缺乏自信及对他人缺乏信任使然。常常表现为，总是担心下属不能胜任工作，怀疑下属的态度和能力，不经过理性思考与分析便主观臆断；缺乏容人胸怀，不敢用强于己的人；没有正确授权，使下属工作效率低下；频于更换下属，影响事业发展。

在中国历代200多个皇帝中，用人又疑人、导致惨败之果，恐怕要数明朝末代皇帝崇祯了：重用将相，又怀疑将相，走马灯似的频繁换将，在位仅17年就换了42个宰相，结果外中皇太极的反间计，内惑于阉党余孽的流言蜚语，怨杀了抗清名将袁崇焕，"自毁长城"，终于把风雨飘摇的大明王朝折腾垮了。李自成进京时，朱由检身边只剩下一个贴身太监，不得不吊死在煤山。正是："宫中不辨蒋干语，市上轻抛岳武贤。边事无人堪倚重，煤山有难始知迟。"

在用人者疑人与被用者被疑这对矛盾中，用人者是矛盾的主要方面。"谗讶之所以并进者，由上多疑心。"苏轼说得好："物必先腐而后虫生之，人必先疑而后谗人之。"明代张居正说："毋摇之以毁誉。"——不要轻易被舆论的褒扬贬斥所左右。

那么，执政者如何把握"疑人不用，用人不疑"的原则呢？首先，要慎于取人。经过充分了解，"知其不忠，则勿任而已矣；任以大柄，又从而猜之，鲜有不召乱者也"。其次，对所用之人要以诚相见，精诚合作。再次，对流言蜚语、嫉妒心理保持警惕，不听谗言，不受其影响和左右，对所用之人坚信不移，"百人誉之不加密，百人毁之不加疏"。同时，对那些捣乱的小人要惩之。

有些难得的人才个性鲜明，敢于冒尖，刚正不阿，缺点也很明显：

或清高、自负、偏颇，或不近情理、钻牛角尖，有时不爱顺从，不大好使用，不大好管理。有棱有角的人才，尽管个性强，毛病多，但本质主流是好的，比圆滑处世、怕捅娄子、明哲保身者，好许多倍；如果用好了，会收到事半功倍的奇效。

只有具有充分信任下属的素质，才能维护现有的局面，开创新的局面。欧阳修说："用人之术，任之必专，信之必笃，然后尽其材，而可共成事。"如果不把重要工作分给下属做，或分给下属做，心中又存有疑虑，不让他们放开手脚大胆去做，就是对他们的不信任。这样下属怎么能大胆地、创造性地工作呢。若一件工作变成领导者的"独角戏"，事必躬亲，那就费力不讨好，离失败就不远了。

领导者要警惕某些人的离间术。离间术是一种圈套：通过拨弄是非等手段，促使同志之间、上下级之间产生误会，或将误会加以渲染，扩大分歧；或编造谎言，制造矛盾，损人利己，陷人扬己。

"疑则勿任，任则勿疑。"应在全面了解下属的基础上，给予充分信任和支持，赋予其足够的职责和权力，让他们独立地发挥才干。一旦下属出了问题，主动承担领导责任，而不宜一味责怪下级。

充分信任当然不是采取完全放任的管理方式。为了使人才在制度范围内行事，不至于为所欲为，要进行必要的监督与制约，依靠科学的用人制度，保护能人，淘汰庸人，保证人才健康成长。

用人必须专一，信任必须坚定。"夫不疑其妇，妇必贞；君不疑其臣，臣必忠。"虽然这并不绝对，却说明要想使下属忠诚，就不能随便怀疑他们。把人才的缺点和不足当成疑点，进而不放心、不放手、不放权，会导致无人可用。

一个人不办事情就不会出错，要办事情就可能出错。要提倡和鼓励进取、探索、创新、创造、突破，提供宽容的环境，宽容失误。

用人不疑，必须以疑人不用为前提。你不能把一项重任交给未通过"信任度"考核的下属；将任务交给可信之人，就要充分信任，不要疑神疑鬼。委以要事或重任，尽量放宽下属的自由度，不宜统得过死；要用其所长，不必求全责备。对于敢闯、敢试、敢为天下先而一时不被群众理解的人，要敢于力排众议，果断任用。对于需要进一步考察的人，要边用边看，不能一律"挂起来"。

要多听听群众的意见，该说"不"时，就坚决地说"不"，进行批评教育，排除谗言的干扰，绝不让进谗者得意、得逞。贤能为官才能造福人民。自私自利、贪婪无度、拉帮结伙、没有责任感的人，混入重要岗位，就是人民的灾难。

对那些因坚持原则、抵制腐败、勇于担当、善于创新而触动某些人的利益，被"倒打一耙"、遭到诬陷、报复的同志，应给予鼓励和支持，旗帜鲜明地予以保护，给他们撑腰，使这样的干部能挺直腰杆、一心一意多做工作。

各司其职尽其责

——忠于职守

履职尽责，忠于职守，是人之重要的美德，也是领导者必备的官德，体现着一种报效国家的品质，一种爱岗敬业的精神，一种不辱使命的境界。

履职尽责，忠于职守，是检验领导者是否合格的重要标准，是实现人生价值的可贵实践，是惠及他人的一种大德。

领导者都有属于自己的位子，应各务其职，忠于职守，各负其责，既不能搁置权力，疏于管理，也不能滥用权力，越俎代庖。

一个成熟的领导者，必定是一个高明的授权人，授予副职、下属相应的权力，做到职责明确，适当放权，不要跳过自己的职责去做不该做的事。

在应该决断的关键时刻，正职领导必须有预见性、敏感性，果断拍板；对符合群众根本利益的事，力排众议、敢于拍板；对决策正确，但有异议的事，要反复酝酿，善于拍板；对专业性强、事关长远发展的事，虚心求教，民主论证，科学拍板。

领导者授权之后，要从总体上把握，在具体工作上充分放权，让其有自主性，不要不分轻重地干涉下属的工作。尽管是很能干的领导者，能处理的工作量也是有限的，不可能包揽所有事务。因此，为了做好工作，开创新局，应把手伸短些，把眼光放远些，适当放权。

有的正职能力很强，亲自做下属职责范围的事，自己该干的事没干好，本应下级干的事自己却干了许多，"种了别人的地，荒了自己的田"，事必躬亲，婆婆妈妈，有苦劳而无功劳，费力不讨好，还会使下属无所适从，挫伤积极性和创造性。法国社会学家帕斯卡指出："人类对于琐碎事务的敏感和对于最主要事务的麻木，标志着一种不可思议的错误。"

领导者各司其责，主政一方，责任重大。作为上级如果不肯授之以相应的权力，而是怀犹疑之心，怕管理失控，时时遥控、掣肘，甚至越权代职，必然束缚下属的手脚。下属手中没有相应权力，就会萎靡不振，得过且过，无所作为。

忍不住越俎代庖，这实际上是干涉下属工作，是一种侵权行为，会使下属变得消极、唯命是从，失去主观能动性。

《吕氏春秋》认为君主要无为而无不为，通过无为使臣下有所为而各尽所能。要做到这一点儿，必须做到：治其身，反诸己，不断加强自身修养；求贤用贤；让百官各处其职，各尽其能。

热衷于把大小权力都揽在自己手中，副职有职无权，大小事都要通过"一把手"才能解决，什么机会都要出头露面，这也是一些下级推卸责任或事事都请"一把手"出面的重要原因之一。

切莫把下属看成任意指使的"跑腿的"。要切实做到"充分授权，分层负责"，鼓励下属充分行使职权，别怕失败。要敢于说：错了，由我来负责。领导者要领会"无为而不为"的内涵，不一定要在各方面都比别人强，而在于具有调动下属积极性的能力。

有的正职或副职忽视下属的个人愿望和志趣，对下属"越权"，这与对下属不信任、不放心、不放手有关，与领导自负、专断有关，与领导艺术欠佳有关，与"哥俩好"、没有保持距离有关。此外，往往把自己看得过高，把别人看得过低，总看自己的优势和长处、别人的弱势和短处。机构重叠复杂、班子庞大，必然多头主事，交叉管理，造成政出多门，客观上也促使领导者越权。

有的领导看下属工作不如自己，不舍得向下属授权，总以为工作自己做会更快、更好。一个高明的领导者，应首先明白，自己的工作是管理、调控，而不是干预、专权。如果去做别人职权范围内的事情，如同代替木匠砍木材，容易伤自己的手。

美国葛瑞德·杜雷尔说："明确地告诉人们自己所希望的事项，然后放手让其完全自由发挥。"美国罗斯福说："一位最佳领导者，是一位知人善任者，而在下属甘心从事其职守时，领导要有自我约束力量，而不插手干涉他们。"

领导者把中间层的权力直接授给下属，会造成中间领导层工作上的被动。如果出现中层领导不力的情况，领导者要采取机构调整或者人员任免的办法来解决。因此，授权只能逐级下授，切不可越级授权。

春秋战国时期，"将在外，君命有所不受"已成为定则，将军享有充分的战争指挥权。战场上的时机瞬息万变，而每个计谋都要请示千里之外的朝廷，怎么会打胜仗呢？

正职与副职之间，要多一些理解，少一些猜疑，多一些支持，少一些指责，不在权力、职位上动心思，而在于干实事。

正职要用好副职，关键是要明确职权，合理分工，让每个人各擅其长。应从全局角度出发，注意哪些权力应由自己行使，哪些权力应由集体行使，哪些权力应归副职行使，使副职有职、有权、有责、有威，使他对其下级能够说了算，办事敢作敢为，让他觉得手中的权不是虚的，要在自己的岗位上做到最好。丙吉"问牛而不问人"的历史故事，有很深的借鉴意义。

正职拥有得力的助手，就会如虎添翼、事半功倍。副职或下属能力较差，即使正职不越权，也仍然会出现这个单位工作效率低的局面，正职就会焦头烂额，事必躬亲，费尽了心思，累垮了身体。

如果"一把手"认为某个下级绝对可靠，一切都听他的，把所有权力都赋予他，时间长了，必然生乱。如同古人所言："专听生奸，独任生乱。"老子所说的"国之利器不可以示人"也是这个道理。

在研究解决具体问题时，要从工作全局出发，积极主动出主意、想办法、找对策。要有本位思想，但不能唯有本位思想，在分管工作中要贯彻上级的决定，重大问题及时沟通，做到勤汇报、有担当、敢负责；正副职之间要相互尊重、相互信任、相互协助、相互补台。

副职应该行应行之权、尽应尽之责，成为独当一面的行家里手，成为正职领导的得力助手。敢于担当，勇于负责，努力去建功立业，不问一己之利害，这是卓越领导者的特色，也是做最好的副职必备的表征。我们要不负重托，不辱使命，忠诚履职，防止和破除"平平安安占位子、舒舒服服领票子、庸庸碌碌混日子"的懒散作风，莫做不作为、慢作为、得过且过的"庸官"。"在其位不谋其政，留下的是无人履责；不求有功但求无过，贻误的是发展良机；当作为而不作为，丧失的是群众信任；有令不行有禁不止，瓦解的是执政根基。"

副职要学会换位思考，全面理解和实现正职的意图和决策。正职常有战略思维，从大局和宏观考虑问题。副职要站在正职的角度看如何做副职的工作，正职未谋有所思，正职未示有所为，搞好组织协调，发挥聪明才智，今天比昨天做得更好。遇到大事、要事、急事要及时请示、沟通。要顾全大局，统筹兼顾，提出建议时不能只考虑自己分管的业务，不能处处以自我为中心处理问题，莫把自己太当回事，不要自以为是、擅自做主；要适时配合其他部门的工作，不要推诿、扯皮，有时还要当好别人的配角。

副职应尊重正职，自觉维护"一把手"的权威。与客人应酬、参加宴会，应适当地突出主要领导。有的副职在重要场合，张罗得过于积极，没有把握好"度"：与客人认识，便抢先上前打招呼，显示自己太多，让正职领导不悦。

有些工作由正职领导出现更合适，你抢先去做，造成工作越位，结果费力不讨好。如果正职领导没有表态或没有授权，你抢先表态，就有点"喧宾夺主"了，这样会使人家被动而不高兴。有些决策，应由正职去做，你还是不插言、不涉入为妙。什么时候该怎么做，你要视具体情况见机把握。

获取真知须躬行

——勤于调研

领导干部工作道德规范可概括为选贤任能、决策民主、勤政务实、开拓进取等方面内容,而从事这些领导工作都离不开调查研究。调查研究是"党的一项基本工作方法和领导制度",是"谋事之基,成事之道"。

革命导师马克思、恩格斯、列宁、毛泽东,从无产阶级革命事业出发,历来极为重视调查研究。他们不仅是科学的调查研究理论的奠基人,而且是实际调查研究活动的倡导者和参加者。

马克思注重实地考察,投身于工人运动的实践。为了深入了解资本主义社会,他经常有目的、有计划地到工厂、农村,与工人、农民、商人、律师、店员等各阶级、各阶层的人物详细交谈。1866年,他亲自编制了包括11个项目的调查大纲,向工人阶级作调查。马克思对资本主义作了40年的调查研究,才写出划时代的巨著《资本论》。

毛泽东"对中国实际有一种深情迷恋",作了大量细致的调查研究,才写出《湖南农民运动考察报告》、《论十大关系》等光辉著作。毛泽东在调查研究方法上也有许多创造,如典型调查、解剖麻雀、开调查会等,有着很强的生命力。

正确的决策来自对实际情况的周密调查和科学分析。陈云说:"从实际出发的关键是,从片面的实际出发,还是从全面的实际出发。"一定要把实际看完全,把有关的各种情况弄清楚,这才真正算是从实际出发。他说:"我们犯错误,就是因为不根据客观事实办事。但犯错误的人并不都是没有一点事实根据的,而是把片面当成了全面。"他认为,重要的是把实际看完全,把情况弄清楚,其次是决定政策,解决问题。难者在弄清情况,不在决定政策,只要弄清了情况,不难决定政策。

陈云论调查研究有不少经典、精彩的论述。他指出:"所有正确的政策,都是根据对实际情况的科学分析而来的。有的同志却反过来,天天忙于决定这个,决定那个,很少调查研究实际情况。这种工作方法必须改变。要看到,片面性总是来自忙于决定政策而不研究实际情况。"他多次强调:"我们做工作,要用百分之九十以上的时间研究情况,用不到百分之十的时间决定政策。"(《做好商业工作》)

怎样弄清事实,陈云概括为六个字:"交换、比较、反复"。所谓交换,就是通过交换意见,使认识比较全面。交换意见,不仅要听正面意见,更要听反面意见。所谓比较,一是左右的比较……二是上下的比较……所谓反复,就是事情初步定了以后还要摆一摆,想一想,听一听不同意见。即使没有不同意见,还要自己设想出可能有的反对意见。我们反复进行研究,目的是弄清情况,把事情办好。

加强调查研究不仅仅是一个工作方法问题,而是制定方针政策之基础,是实事求是的必然要求,又是争创第一流工作之前提,关系党和人民的事业得失成败。

历史的经验证明,思路对,办法多,效果佳,得益于深入基层调查研究;决策失误,走弯路,受损失,也与没搞好调查研究密切相关。可见,不会调查研究就不会当领导者,没有调查研究就没有资格去作决策。遇事拍脑门,想咋干就咋干,是对党的事业不负责、缺少官德的表现。

今天,改革发展面临许多新情况、新问题,面临许多困难和挑战,须臾离不开调查研究这个党的"重要传家宝"。

深入基层搞好调查研究,必须克服"工作忙顾不上"、"遇事拍脑门、出事拍大腿"的不良作风，把调查研究这门软科学作为第一位工作始终不渝坚持下去。在市场经济条件下，我们面临的内部情况和外部环境十分复杂，且处于不断变化之中，单靠领导者地位和权力的影响力以及单凭个人的智慧、水平、品质的带动力是不够的，仅凭老经验、老办法和传统的思维方式或者照转上级指示、照搬外地经验也是不行的。领导者如果经常奔波或被卷入文山会海、迎来送往、宴请作陪等活动，满足于看材料、听汇报、上网络，就看不到实情，得不到真知，势必耳不聪、眼不明，作不出正确结论，这样靠拍脑门指导工作，想怎么干就怎么干，决策就有失误之虞。因此，领导干部必须从自身做起，到基层去，到火热的一线去，到艰苦的地方去，到复杂的环境中去作细致的调研，发挥好感官作用，拿出有分量的决策方案和依据。

改革开放以来，有许许多多领导干部继承和发扬我们党重视调查研究的光荣传统，坚持深入基层，深入第一线，开展系统的调查研究，了解真实情况，掌握工作主动权，努力做到决策成果的最优化。

2010年2月由中共中央办公厅印发的《关于推进学习型党组织建设的意见》进一步要求"建立健全调查研究制度，省部级领导干部到基层调研每年不少于30天，市、县级领导干部不少于60天，领导干部要每年撰写1—2篇调研报告"。

习近平在中央党校2011年秋季学期第二批入学学员开学典礼上的讲话中指出："调查研究的过程，是领导干部提高认识能力、判断能力和工作能力的过程。经常走出领导机关，深入实际、深入基层、深入群众，进行各种形式和类型的调查研究，非常有益于促进领导干部正确认识客观世界、改造主观世界、转变工作作风、增进同人民群众的感情，有益于深切了解群众的需求、愿望和创造精神、实践经验。"习近平提出领导干部在调研中应有"自选动作"，要"看一些没有准备的地方，搞一些不打招呼、不作安排的随机性调研……避免出现'被调研'现象，防止调查研究走过场"。

在基层调查研究，不要像"井中的葫芦"那样浮在上面，防止走马观花、蜻蜓点水、走走过场、浅尝辄止；防止受"规定路线"、"标准答案"和"示范样板"的影响，使调研成为"论证会"、"报喜会"和"盆景展"。到基层一线作随机性调研，悄悄地下，悄悄地看，悄悄地听，细致地观察，有针对性地追问，潜心地研究，才能听到最真实的声音，获得最真实的东西，发现真正的问题，能有的放矢地加以解决。

要通过与群众面对面交流，了解真实情况，博采众言。要学习孔夫子的"每事问"，须有"入于泽而问牧童，入于水而问渔师"的精神，切莫不知以为知。要把老一辈革命家陈云所说的"不唯上、不唯书、只唯实"和"交换、比较、反复"作为座右铭，必须虚心体察和详细掌握情况，多听不同的意见，在调查中研究，在研究中再调查，才能逐步对问题的本质以及各部分各方面之间的联系有正确的认识，引出正确的结论。

调查与研究密切联系又互相区别。有的领导同志下基层，只调查不研究，或调查多、研究少，情况多、分析少，不解决什么问题，结果事倍功半。如果说，调查主要是收集掌握丰富而又切合实际的情况，那么，研究主要是对调查来的情况进行深入分析，把零散的认识系统化，把粗浅的认识深刻化，从纷乱的各种态势中找出条理性，从变化的各种态势中找出确定性，从不规则的各种态势中找出规律性，获取决策的充分依据，找到解决问题的正确办法，形成正确的决策。

定性分析侧重于考察事物的历史渊源和发展过程，注重分析事物的内部联系和质的规定。定性分析长于对事物进行全面的概括，有利于从总体上认识事物。定性分析的缺点是有主观成分，缺少严格的论证。定量分析是对客观情况从"量"上加以分析，提供精确度较高的数据。因此，我们在调研中需要把定性分析和定量分析结合起来，避免单打一，从而达到对事物的全面认识，为正确决策提供依据。

经验是对过去实践活动的总结，对于当前和今后的工作实践具有重要的借鉴意义和宝贵的价值。总结经验是我们党的好传统。为贯彻落实党的大政方针，掌握工作规律，提高预见性，要通过调查研究，及时发现、挖掘、提炼、推广工作经验，指导全局性工作。领导智慧与群众智慧结合起来，无疑会使已有的经验更丰富、更完善，无疑会创造许多新经验。通过全面的而不是褊狭的调查研究，打破过时的、不合时宜的东西，采用新思路，创造新经验，创造性地开展工作。

习近平强调"调查研究是做好领导工作的一项基本功"，就是要求各级领导干部克服工作的盲目性和随意性，勤于调研、乐于调研、善于调研，坚持做到不调研不决策、先调研后决策，研究新情况，解决新问题，总结新经验，以增强工作的原则性、系统性、预见性和创造性。一切有志于获得真知的领导者，一定要首先把调查研究作为一项必不可少的基本功，把调查研究作为头一件工作、第一位的大事，作为领导活动的起点，贯穿于领导活动的全过程，不断开拓新局面，使"风景这边独好"。

铁面亦有暖情真

——赏罚相济

赏与罚、恩与威,是领导者不可不重视、不可不深知的统御方略之一,是官德修养和从政素养的重要课题,是提升领导力的关键环节。

赏可以劝善,罚可以惩恶。傅玄说:"治国有二柄:一曰赏,二曰罚。"南朝沈约有言:"无赏罚,虽尧舜不能为治也。"——没有奖赏和惩罚,像尧和舜那样圣明的君主,也治理不好国家。北齐杜弼给世宗条陈政务之要时说:"天下大务,莫过于赏罚二论……但能二事得中,自然尽美。"司马光认为,治国需坚持法纪,赏罚分明,若曲法滥赏,则失信于天下。

子产是春秋时期郑国的宰相,杰出的政治家。他认为,以宽为主,宽猛相济,是治理国家的根本方针。如果严刑峻法,过于苛刻,就会使人们畏而远之;如果太宽松,臣子就会骄纵跋扈,不易驾驭。孔子十分赞许子产这一治国办法,说:子产说的好呀!宽以济猛,猛以济宽,宽猛并用,国家的政局能安定和美了。

公元前522年,子产死了。远在鲁国的孔子听到后,流着泪说:"子产宽猛相济的治国方法,是他留下来的良好遗风啊!"

《论语》主张赦免小的过失,《春秋》斥责放纵有罪的人,将二者结合起来,就得到政治的和谐了。恩德、仁慈与法纪、严厉结合,能够使人们的积极性创造性得到充分发挥。

春秋时，韩昭侯拜申不害为相，进行改革，使韩国国治兵强。申不害治国主张赏罚不可随意，要依法行事，即"见功而与赏，因能而授官"（《韩非子·外储说左上》）。

有一次，申不害却为其堂兄向韩昭侯请求官职，昭侯没有答应，申不害很不高兴。昭侯说："我和先生学习法术，是希望因此而治理好国家。现在我是接受你私人请托而破坏你一向主张的治国之术呢，还是继续推行你的治国之术而拒绝你刚才的请求呢？先生以往可是一再提醒我要根据功劳的大小、才能的高下而任命不同级别的官员。现在你有所私求，我应按你的哪一说办好呢？"申不害无言以对，回家后避开正房不居，寝于他处，以示惭愧。

项羽身先士卒，冲锋在前，对将士行妇人之仁，却不善于赏功罚过，"战胜而不得其赏，拔城而不得其封"，造成"天下叛之，贤才怨之，而莫为之用"。

刘邦夺取天下以后，对功臣论功行赏，封赏了萧何、张良、韩信、彭越等20多人为功臣，由于粥少僧多，诸将"日夜争功不决"。为防止朝廷内部矛盾激化，刘邦听从张良的建议，封赏了他最不喜欢的人——雍齿为侯，体现了大度能容，正确对待雍齿的功过是非。群臣皆喜曰："雍齿都能封侯，我们就不必忧虑了！"

《资治通鉴》记载，汉武帝的外甥昭平君酒醉后杀了人。汉武帝也很悲伤，但仍认为：法令是先帝创立的，要是因为姐姐的缘故而破坏法律，有何面目见高祖呢？岂不辜负了百姓对法律的信任？最后宣判了昭平君的死刑。

赏罚要适度，该宽则宽，该严则严。奖赏不足以鼓励好人，就等于压制善事；责罚不足以惩戒坏人，就等于放纵恶行。南朝萧子显说："赏不事丰，所病在不均；罚不在重，所困在不当。"——奖赏不能只依靠丰厚，真正的弊病在于不论功行赏；惩罚也不在乎严酷，它之所以没有效果，在于不恰当。

公元前117年，汉文帝出巡经过长安城北的中渭桥，有人从桥下跑过，惊了驾车的马。汉文帝把这个人交给廷尉张释之治罪。张释之审讯后，向皇帝报告：当处以罚金。文帝发怒说："此人惊了我的马，幸亏这马温和，否则就要伤了我，你却只判罚金！"张释之说："法律就这样规定的，却要加重处罚，怎能取信于民呢？"汉文帝被说服了。

法令的生命就在于公正，赏罚是一定要适当的。首先，赏罚要据实，其依据就是实际的功过。其次要公平，不分贵贱恩仇。

对下属态度过分严厉，处罚过重，则对方可能畏而不敬，易折易损，"破罐破摔"。正如老子所言："民不畏死，奈何以死惧之？"——民从不怕死，拿死来恐吓他们，是徒劳的，只会适得其反。

三国魏国刚建立时，魏国官吏宋金等人从合肥叛逃至吴国，按照魏国法制应治罪斩首。曹操嫌处罚太轻，要加重刑罚。于是主审官奏请将其母亲、妻子和两个做官的弟弟全部斩首。

尚书郎高柔上书说："士卒逃亡者，确实可恨；但我听说其中也有后悔之人。现在应宽待逃亡者的妻子，使敌人对逃亡者不信任，还可以诱其归心。以前那样处理太严，若再加重刑罚，一人逃亡诛及全家，会促使更多的人逃亡。"曹操听后觉得有道理，就照着他的话办了。后来逃亡的人数大大减少，而且有些叛逃者偷偷跑回来，重新加入曹军。

张作霖当了大帅后，论功行赏，大封部下，手下的一个秘书长也被撤职。几个朋友替秘书长去说情："大帅待人一向厚道，秘书长被撤职后，未派其他差使，生活都成了问题。"张作霖说："他做了8年的秘书长，没有同我抬过一回扛，难道我8年之中，就没有做错一件事吗？这样的秘书长，又有何益？"

有功则赏，有过必罚，功过要分明。绝不能因为某人过去工作有特殊贡献或立过功，就对他所犯的错误姑息迁就，以功抵过。不能因为一个人有了错误，而一笔抹杀他过去的成绩，或对他犯错误后所做的成绩不予承认，不予奖励。

赏罚严明，就可以达到惩恶扬善的目的，端正社会风气。赏罚，要掌握一定尺度，不能颠倒，也不能滥用。苏轼认为，可赏可不赏的，宁可以赏，以推广恩德；可罚可不罚的，宁可不罚，以慎重刑罚。"立法贵严而贵人贵宽，因其褒贬之义以制赏罚。"（《刑赏忠厚之至论》）

司马光认为治国必须赏罚分明，若曲法滥赏，则失信于天下。他在《资治通鉴》中，批评晋武帝赏罚不明："政之大本，在于刑赏，刑赏不明，政何以成。晋武帝赦山涛而褒李熹，其于刑赏两失之。使熹所言为是，则涛不可赦；所言为非，则熹不足褒。"司马光认为国家要实现大治须秉公执法，才能使下属臣服。

惩罚具有局限性，易使人反感，只能在短期内有效。唐代杜佑说："赏无度则费而无恩，罚无度则戮而无威。"明代洪应明有言："恩宜自淡而浓，先浓后淡者，人反忘其惠；威宜自严而宽，先宽后严者，人必怨其酷。"

下属犯了错误而惩罚过严，平时对下属要求严格而近乎到苛刻的地步，都达不到预期效果。打击面过大，也会带来负面影响。明初整肃吏治的斗争延续二三十年之久，打击面极广，毁掉了众多顶尖人才，对国家造成很大损失。

施威不宜把话说过头，不能把事做绝。特别是在大庭广众之下，把话说过头，则骑虎难下，难以收场。应注意留下感情补偿的余地，使对方既不能翻脸又不敢轻视。

诸葛亮的政治才能，优于他的军事才能。陈寿在《三国志·蜀志·诸葛亮传》中，赞扬诸葛亮为官公正廉明、赏罚分明和在赏罚上的远见卓识。对时世有用的人，就是仇人也奖赏；违犯法令、怠慢国家的人，就是亲人也要严惩。认罪后肯悔改的人，从轻处理；死不认错还狡辩的人，重罚。善没有成绩不赏，恶没有坏果不贬。

诸葛亮不因情废法，执法不忘情，在执法中能喻之于理，动之以情。诸葛亮北伐，对李严治其失职之罪，由蜀中二号人物的高位拉下，却关照他的生活，其子仍留在丞相府任中郎参军之职，并致书鼓励他努力上进，劝诫其父改过自新，争取再用。对此，李严父子十分感激。

陈寿在《三国志·蜀志·诸葛亮传》中，赞扬诸葛亮为官公正廉明，赏罚分明，和在赏罚上的远见卓识。奖小善方能养大善，惩小恶方能灭大恶。如果认为小善不屑一顾，则无异于欲栋材而弃苗木；如果认为小恶不必除，则无异于欲去毒而养蛇蝎。

赏与罚相济，恩与威并施，红脸白脸都要唱，历来是上级对下级加以控制、并弄于股掌之上的有效手法，运用成功的概率极高。该硬的时候必须硬，不然就不会有能够压倒对方的气概；该软的时候也应该软，要让人有下台的台阶。"最好是一上台便来一个下马威，而不要一点一点地去做"——打一巴掌揉三揉。

两者不能片面运用。只奖不罚或只罚不奖，都失之偏颇。只是煦煦为仁，对人太宽厚，只有"恩"而没有"威"，部属就会产生骄躁之气，恣意妄为，便约束不住，足以堕纪而误政事。对人太严厉，只有"威"而没有"恩"，只知道用严刑待下，而不能用恩惠结士卒之心，部属就会产生抱怨和离心离德，则会树敌，万马齐喑。只有将二者结合起来，恩威并用，才能使下属、民众心悦诚服，使领导拥有权威。

《象辞》说：威严，并不是以冷酷无情的面孔，使部属提心吊胆，而是以平易近人、柔中有刚的态度，恰到好处地行使职权。西汉隽不疑说："为官者太刚易受挫折，太柔则事不成。罚不失爱，严中有情，刚柔相济，无往而不胜。"商鞅实施处罚过于残酷，没有起到惩罚的作用。梁武帝看见有人被处以死刑，就泪流满面，并将他放了，这又太宽大无边了。

要坚持王子犯法与庶民同罪，以公平为规矩，以仁义为准绳。奖赏时，别忘了奖励有功的人物，不遗漏疏远之人；惩罚时，要敢于处罚有罪的大人物，不偏袒亲戚权贵。三国时期陈寿说："尽忠益时者虽仇必赏，犯法怠慢者虽亲必罚。"

楚国孙叔敖不徇私情，不畏权势，任宰相不久，便下令将犯了国法的虞丘子的家人逮捕法办。全国很快出现了赏罚分明、政治廉洁的局面。

隋文帝杨坚的第三子杨俊，曾在灭陈战争中立过大功，深得宠爱。

然而，他后来受不住清苦，"渐奢侈，违犯制度，出钱求息，民吏苦之"。杨坚获此情后，立即派人查办。但杨俊不思悔改，仍旧我行我素。杨坚罢了他的官，将他禁闭起来。大臣杨素劝谏说：这样处罚是否太重了？杨坚说："皇子与百姓只有一个法律，如果不这样，岂不是要再立一个皇子律吗？"

赵匡胤对禁军和中央及地方官僚体制进行改革之后，对触犯军纪者实行严厉处罚，对有功、忠诚的将士不惜以重金奖赏，给予升擢。一些优秀的军校可直接升迁为团练使。这一"责之既严、待之亦优"的治军方略取得了很大成功。在诸侯军混乱的五代十国末期，他领导的禁军都能齐整威武，所向披靡。

宋太祖有句名言："朕今抚养士卒，固不吝惜爵赏，若犯吾法，惟有剑耳。"鉴于前代禁军骄横犯上的教训，宋太祖对禁军的纪律要求非常严格。他制定了"阶级法"，严明了军队内部的等级尊卑关系。各级军校，各司其职，掌握着对下级的生杀大权，使得将士不敢再轻易作乱。宋太祖一方面禁止结社，防止各种小集团的产生，另一方面特别注意提防军中的闹事分子，毫不留情地进行镇压。殿前司中的川班内殿因为受犒赏的事情聚众闹事，为首的40多人全部被斩首。

公元960年，将军罕儒遭北汉军袭击，尤捷指挥石进德坐视不救，致使罕儒全军覆没，赵匡胤将其军中的29员将领全部处以死刑。

在作战出征之前，宋太祖都会申明军纪，禁止烧杀抢掠，对于犯法的将士严厉处罚。有一次禁军中的雄武军士卒，大白天抢人妻女，御史禁止不听，赵匡胤得讯大怒，立斩100多人。

乾隆帝于1784年颁布了《行军简明军律》，规定几十条赏罚条例，用以"整饬戎行"。对于有功之将予以重赏，对于无功败将则处以重罚。

"惩前毖后"一语出自《诗经·周颂·小毖》："予其惩而毖后患"，意思是周成王姬诵接位不久，为了除掉后患，镇压了西周管叔、蔡叔的叛乱。毛泽东把"惩前毖后"和"治病救人"连在一起，成为我们对待犯有错误的同志应采取的正确方针。

一定要从关心爱护的愿望出发，开诚心，布公道，坚持与人为善，力戒盛气凌人。齐景公问晏子，贤君是怎样治国的？晏子说了两句话："不因喜以加赏，不因怒以加罚。"（《晏子春秋·问上》）——不要因自己高兴就乱加赏赐，也不要因自己生气就随便处罚人。

无情未必真豪杰。领导者对有过失的部下，既要坚持原则，也要关心他们的实际生活，为其排忧解难。因此，要做到柔中有刚，刚中有柔，既坚持原则，又不失灵活。

部属做出成绩，要信任他、尊重他，同时也应奖励，不能老拿好话糊弄人，因为奖励是对一个人才贡献的实实在在的肯定，可以激发人的荣誉感，培养人的上进心。有贡献就得奖励，奖励要奖励得合适。确实是工作做得好，贡献大的，要多奖；做得一般的，一般地奖；做得差的，不奖或罚。

意大利政治思想家利马基雅弗利在《君主论》中认为，为了使大臣保持忠贞不渝，君主必须常常想着大臣，尊重他，使他分担职责，使他富贵，使他感恩戴德，让他分享荣誉而无所求。

无愧天地心浩然

——弘扬正气

中华民族自古以来崇尚正气,把正气视为民族的精神气质,视为立身立国的政治原则,认为正气关系着国家民族的存亡兴衰,将"立德、立功、立言、立节"视为"四不朽",视为做人处世的道德规范。正气作为宝贵的传统伦理资源,在对中华民族精神的培养方面,有着不同寻常的意义。

正气,指的是一个人在为人、做人时的正直、忠贞、刚正的气节,光明磊落、公正无私、廉洁奉公的作风,刚正不阿、坚持真理、主持正义、敢于担当、敢于碰硬的品质,指的是一个群体、社会所形成的正派作风和良好风气。

正气是内敛的,也是外烁的,蕴涵着传统文化和高尚的道德,展示出迷人的魅力与夺目的光辉。一个人如有谄媚之色,就丢掉了朗朗人格,就不能称其为大写的人。不要有高高在上的傲气和霸气,但应有顽强不屈的傲骨和铁骨,坚持真理,维护正义,无私无畏地巍然立于天地之间。

孟子最瞧不起那些为求禄而不择手段、低眉折腰的人,最瞧不起为升官而趋炎附势、一味唯上的人,称他们为"妾妇之道"。

孟子所谓"浩然之气",指的是一种高尚人格,一种精神状态,一种气概,一种风度。孟子蔑视权贵、刚直不阿。他对自身坐标的追求是:"富贵不能淫,贫贱不能移,威武不能屈。"——真正的大丈夫不以富贵荣华而乱方寸之心,无论多么穷苦,多么受委屈,志气决不改易;在任何威压甚至生命受到威胁的情况下,仍然不会屈服,乃至舍生取义。

屈原最不能容忍的是那群无耻小人暗地里对他的诬蔑。这些小人竞相谄媚,歪曲事实,追名逐利,把朝廷弄得乌烟瘴气。这位追求高尚情操和完美人格、爱憎分明、不随波逐流、诗人气质很重的人,在遭到一些大臣和贵族嫉恨、受到楚怀王猜疑时,没有察言观色、以谋进退,不搞政治权术,坚贞不屈,志向不改,铁骨铮铮,下决心不同他们合流,不受恶习侵染,不后悔自己选择,"亦余心之所善兮,虽九死其犹未悔",抨击政敌的丑恶,坚持与群小斗争。

峰峻独出秃岭妒,臣贤偏遇楚王昏。公元前278年,秦军攻破楚都郢,楚襄王仓皇出逃。屈原为此悲痛欲绝,以满腔悲愤的心情写下了绝命诗篇《怀沙》,再次抒发了他忠贞的爱国情怀和"受命不迁"的崇高气节,倾诉了他无奈的苦闷。就在这一年的5月5日,他毅然怀抱砾石,含恨投汨罗江,舍生取义,以身殉国。

做人之第一要务,乃是宁做毁弃之黄钟,而不要做雷鸣之瓦缶。刘禹锡说:"昔贤多使气,忧国不谋身。"于谦说:"名节重泰山,利欲轻鸿毛。"玉碎终不改白,竹焚不毁其节。唐代"开元盛世",先有房玄龄、杜如晦之贤,后有姚崇、宋璟之严。宋璟少时耿直而有气节。司马光评论宋璟"尚法"。

三国曹植《求自试表》有言:"忧国忘家,捐躯济难,忠臣之志也。"——为了国家而忘记自己的小家,为济国家危难而捐躯献身,这是忠臣的志向。北齐刘昼说:"丹可磨而不可夺其色,兰可燔而不可灭其馨,玉可碎而不可改其白,金可销而不可易其刚。"唐代刘希夷诗云:"愿作贞松千岁古,谁论芳槿一朝新。"——要像青松那样永葆坚贞的节操,谁稀罕木槿花朝开暮落呢。

明代哲学家黄宗羲在《山居杂咏》中写道:"锋镝牢囚取次过,依然不废我弦歌。死犹未肯输心志，贫亦其能奈我何！"其浩然正气，令人感佩。

明代张应福诗云："山川不改仗英流，浩气能排岱麓松。"——国土不落入敌人手中，全仗民族英雄。他们的浩然正气胜过岱山的青松。

曹雪芹在《红楼梦》中借贾雨村之口如是说："大仁者修治天下，大恶者扰乱天下。清明灵秀，天地之正气，仁者之所秉也；残忍乖僻，天地之邪气，恶者之所秉也。"

忠臣义士的气节，在国家忧患之际，彰显得尤为完美。正如老子《道德经》所言：国家昏乱出忠臣。文天祥面对威逼利诱，拒不投降，用热血书写了人生《正气歌》，不愧为孟子所称道的大丈夫。耶律楚材为官30余年，为人正直，办事公道，最为突出的是他不顾个人利益及安危，多次向窝阔台进谏；他在被排斥、打击的压力下，仍不断忠谏，赢得了窝阔台的信任。

——这些穷不变节、难不易志的气节，是中华民族千劫不灭、万难不屈、危而复安、弱而复强的重要因素，是优秀传统薪火相传的生动体现，有效地支撑着我们民族的脊梁。

人生最大价值的牺牲，乃是为了崇高信仰，凭其忠肝义胆，牺牲自己的生命。日月星辰是天空的光彩，英雄豪杰是国家之荣耀。一个民族若没有英雄豪杰，若没有牺牲精神，就难以成就殊勋伟业，那只能是"生物之群"。

两袖清风身必秀，胸怀气节品自刚。一个人有了气节，就能无私忘我，行端影直，腰杆挺直，敢于碰硬。

马克思说："不可收买是最高的政治品德。"英国阿狄生说："世上没有比正义更伟大更神圣的美德。"受信念支配的气节，成为生命中不可分割的重要部分，蕴涵于心，外化于形，体现在人生追求的方方面面，无时不有，无处不在。

正气在整个国家和民族精神的培养中发挥着重大作用。鹏举英名在精忠，国运和蹇出英雄——岳飞精忠报国，一首《满江红》气壮山河，历来被人们传颂。袁崇焕刚强英烈，带出一支死战不屈的精锐之师，"死后不愁无勇将，忠魂依旧守辽东"！史可法与将士坚守孤城，五次拒降，声言："吾头可断，身不可辱"，以身许国。革命志士陈天华愤然于日本政府的无理规定，投海自绝，不惜以生命激励国人。……他们都是有气节的伟丈夫，是几千年挺立于天地之间的民族脊梁！

"寄言后世艰难子，白日青天奋臂行。"震古烁今的事业，需要不同凡响的英雄，需要大力弘扬他们的崇高风范和浩然正气。

在历史上，几乎没有政治人物像邓小平一样三次被打倒又三次站起。"文化大革命"中，在江青等人的鼓噪下，社会上公开提出"彻底打垮刘少奇、邓小平为首的资产阶级司令部"等口号，公然在中南海组织批斗刘少奇、邓小平以及陶铸夫妇。

邓小平作为"死不改悔的走资派"，被下放到偏僻的江西劳动改造，度过了一段寂寞艰苦的岁月。邓小平的女儿邓榕在回忆录中写道："即使在最黑暗的日子里，父亲也从未放弃和绝望。"

林彪反革命政变阴谋被粉碎后，邓小平复出，于1973年3月，恢复了国务院副总理等职务。

邓小平寓刚于柔，柔中有刚。毛泽东在1973年说："他呢，有些人怕他，但他办事比较果断。我送你邓小平两句话，'柔中有刚，绵里藏针'，外面和气一点，内部是钢铁公司。"

1974年，邓小平代表中国政府在联合国第六届特别大会的讲坛上，不畏列强，坚持正义，气势恢弘地系统阐述了毛泽东三个世界划分的理论和中国的对外政策，把中国人的骨气展现在世界人民面前。毛泽东评价他"人才难得，政治思想强"。在这期间，他力挽狂澜，大刀阔斧地整顿"文化大革命"以来所造成的严重混乱局面，赢得了党心、军心、民心。

时代在前进，社会在变化。不管时代怎样前进、社会如何变化，共产党人的浩然正气和高尚品格都不能动摇。能否弘扬正气和正义、反对歪风和邪气、抵制庸俗和腐朽，对党的事业关系极大，对个人的成长也至关重要。作为党员领导干部，就要保持正气，政治上坚定，道德上高尚，作风上纯洁。丢掉了正气，把官场上竞相趋附视为荣耀，就是背离了我们的入党誓言，就是背离了人民群众的根本利益，就是放弃了我们肩负的历史责任。

正气和邪气向来此消彼长，正气上升邪气就会下降，邪气猖獗正气就被压抑。党员干部弘扬浩然正气，必须有坚持原则的勇气，无私无畏的正气，奋发向上的朝气，始终保持共产党人的蓬勃朝气和浩然正气。这是党性的要求、人民的呼唤、事业的需要。

据2011年4月19日《宝安日报》报道：上岗不到半年，竟给县里几乎所有领导的车开出了违规罚单，就连公安局的车也未能幸免，前来说情者无一例外吃了"闭门羹"。山西省浑源县女交警毛丽拒为"特权车"开"绿灯"，不给单位同事"通融"；不给亲姑姑"面子"，也不让亲爹爹"说情"，不徇私情的高尚情操，令人肃然起敬。

"甭管是谁，只要他敢违章，我就敢查，不管他官有多大，多么有钱有势，执勤时我眼里没有官！"毛丽的回答何等的有力啊。她常告诫手下的8名队员，不要怕查领导的违规车辆，如果不能做到公正执法，就有辱这身警服，就是失职。权弱位卑的毛丽视使命为天职，不畏强权，公正执法，久违的正直与正义让人感动不已。

全国人大原副委员长田纪云说："在关键时刻，在大是大非问题上，要敢于说真话，敢于坚持党的原则，不能做墙头上的草，刮风两边倒。毛主席说要'五不怕'，我看有'一不怕'就行，就是不怕丢乌纱帽。没有原则性的人，老好人，噙着冰化不出水来的人，或者只会鹦鹉学舌的人，是不具备当领导干部的条件的。当一个错误潮流来临，个人又无力抗拒时，也要尽量避免卷入，不说或少说违心的话，不做违心违纪的事。"

共产党人的浩然正气有如一种坚强的防御机制，能帮助我们抵御各种歪风邪气的侵蚀。有了这种浩然正气，才能排除世俗的纷扰，才能见淤泥污秽而不染，视不义之财而不贪；说话才有底气，干事才有勇气，碰硬才有锐气，才能增添人格魅力，产生凝聚力和号召力；才能做到不畏强权，不怕压力，不虑"乌纱"，不顾安危。要敢于和歪风作斗争，在邪气面前要敢于碰硬，执行铁的纪律，做到是非清楚、赏罚分明。

浩然正气不是空洞的，更不是天生的，不会自发产生，也不是可以用强制、拔高的办法得到，而是靠培植、靠养育。

党员领导干部要学习伟人、志士仁人的闪光思想和崇高风范，树立正确的世界观、权力观和事业观，追求高品位、高境界、有意义的人生。只有具备这样的思想根基，才能有正确的是非标准和有效的政治免疫力，保持政治上的清醒与坚定、精神上的健康与高尚，将善恶美丑、成破利害尽现眼底，才能矢志不渝、无怨无悔地为建设中国特色社会主义事业无私奉献，自觉抵御各种诱惑和腐蚀。

红线底线生命线

——遵纪守法

世界上所有的人和有生命的万物没有不爱自由的,然而自由是有条件的,是相对的,是要付出代价的。绝对的自由连神仙也做不到,因为自由总是要受纪律、法规、责任这些"不自由"的制约。

古希腊哲学家毕达哥拉斯曾说过这样一句话:我们不能称缺乏自制的人为自由的人。享受自由固然是每个人的权利,但失去纪律约束的"自由",不是真正的自由。

法国启蒙思想家孟德斯鸠和英国的洛克做出过同样的评论:"自由是做法律所许可的一切事情的权利"、"哪里没有法纪,哪里就没有自由"。邓小平强调:"纪律和自由是对立统一的关系,两者是不可分的,缺一不可。"有了纪律和法规,才能使人们获得真正的自由和快活。

正处于社会转型期的当今中国,经济发展,物质丰富,人的自由度加大。有的同志认为纪律与自由的关系是对立的:条条框框、繁文缛节、压抑个性、束缚手足。

其实,纪律本身也意味着自由,包含着自由。自由,是需要通过纪律来实现的。如果一个人的欲望和需要不加限制,其行动必然妨碍别人的自由。遵纪守法,既是他人自由的保障,也是自身自由实现的前提。

党的纪律是建立在社会公德和职业道德基础之上的,是对党员干部这个先进群体的特殊要求,具有高水准的规范作用。作为一名党员、党的干部,必须在国家法律以至各种规章、规范内行事,同时必须遵守党的纪律。

党的纪律是由党的性质决定的,是各种党内规范的总称,是党的各级组织和全体党员必须遵守的政治生活准则和言论、行动的规范。党的纪律包括政治纪律、组织纪律、经济纪律、群众纪律等各方面的内容。

在战争年代,来自五湖四海的共产党人,为了一个共同的革命目标走到一起,在炮火纷飞中与敌人动刀枪,在白色恐怖中驱虎豹,在极其艰难的环境下发展壮大,没有纪律的严密严明,是根本做不到的。许多共产党人为了确保党的路线、方针、政策的贯彻执行,坚决服从党的纪律,甚至不惜牺牲个人的生命。

刘少奇说:"我们的党从最初建立时起,就是一个完全新式的无产阶级政党","它不只是有彻底代表中国人民利益的革命的纲领和政策,而且有严密的组织和铁的纪律,在严重的艰苦的战斗中,经得起锻炼,并表示了自己坚强的组织力量"(《刘少奇选集》上卷,人民出版社1981年版,第315~316页)。

从革命党转变为执政党之后,纪律的重要性更加凸显。战争年代强调"不拿群众一针线、一切缴获要归公",现在强调"不准把经营、管理活动中收取的折扣、中介费、礼金据为己有",道理和原则性其实是一样的。

事实证明,只有严明党纪国法,才能把党员干部队伍建设得坚强有力,富有纯洁性、先进性和战斗力,才能保证社会的稳定和谐与国家的长治久安,我们才能无往而不胜。

在辽西战役中,我军在锦州附近作战,而这一带正是盛产苹果的地方,当时正值苹果的收获季节。我军严格遵守纪律,不仅树上的苹果一个不摘,就是掉在地上的苹果也是将它们堆在一起,不吃一个。毛泽东指出:"锦州那个地方出苹果,辽西战役的时候,正是秋天,老百姓家里有很多苹果,我们的战士一个都不去拿。我看了那个消息很感动。在这个问题上,战士们自觉地认为:不吃是很高尚的,而吃了是很卑鄙

的，因为这是人民的苹果。我们的纪律就建筑在这个自觉性上边。"（《古今中外美德故事》，第62~63页）

邓颖超在《一个严格遵守保密纪律的共产党员》的回忆录中，回忆了她和周恩来相互遵守党的纪律、至死不渝的高尚品德。"恩来同志知道的党和国家的秘密多得很。我们之间仍是信守纪律，他不讲，我不问；我不讲，他也不问。我们之间相互保密的事情是很多的。例如，我国的第一颗原子弹发射时，他也向我保密。""恩来同志在得癌症后，有一次我们在一起交谈，他对我说：'我肚子里还装着很多话没有说。'我回答他：'我肚子里也装着很多话没有说。'当时双方都知道最后的诀别不久就会残酷无情地出现在我们面前，然而我们没有说的话终于埋藏在各自的心底里，永远地埋藏在心底了。"（参见1982年6月30日《人民日报》）

歌德说过："一个人只要宣称自己是自由的，就会同时感到他是受约束的。如果他敢于宣称自己是受约束的，他就会感到自己是自由的。"正如一位哲人所言"人的自由并不仅仅是在于做他愿意做的事，而在于永远做他不愿意做的事。"作为领导干部，一条最基本的要求就是要遵守各项纪律和各项法律法规，绝不能干违纪违法的事情，这本是党员干部应有的起码觉悟，也是组织对党员干部的起码要求，是做人的底线、从政的底线、为官的底线。你不攀升官德的最高境界，但官德的最低下限必须坚守。这个底线也是红线、高压线、生命线，是我们廉洁自律的最后一道心理防线。底线不可逾越，突破了底线就改变了性质。只要触犯了党纪国法，最终都将受到法律的制裁。

成克杰对他的权钱交易犯罪不以为然，案发后还很困惑，他说："不就是帮助别人批点工程给点好处费吗？大家都这么做，怎么就找上我了呢？"某铁路局车务段长张某在纪委调查阶段交代了巨额受贿的问题，在被移送检察机关时却感到很意外，他认为向纪委交代了就没事了，想不到还要受刑事处分。

中央组织部干部监督局曾在一篇分析领导干部违法犯罪反省材料的

报告中透露，有81.4%的贪官认为自己犯罪与"不懂法"有关。贪官说自己"不懂法"，只是一个障眼法，骨子里则是"不畏法"；他们自以为违纪有术，可以运作"摆平"，于是目无法纪，铤而走险。

一位犯罪人员说：我作为一个省直单位的党政"一把手"，没有把领导班子带好，自己不仅没有严格遵守党纪国法，做到以身示范，反而成了以身试法的典型。一个人光用道德自律是很不够的，还必须用纪律和法律约束自己，对权高位重的人来说，尤为重要。

如果去追求纪律规定之外的"自由"，干一些违法乱纪的坏事，终究有一天要受到法律的制裁，因而这样的人也就没有自由可言。违法犯罪的人，可以在短时间内活得自在，其结果大多落得个身陷囹圄、悔不该当初的结局。

李真被执行死刑前，对采访的记者说："今后不要说国外那些旖旎风光，就是白洋淀的芦苇，我可能都很难再见到了。自由，真是别时容易见时难呀……我现在什么都可以不要，只要自由，哪怕是一个月的自由，甚至是两天的自由。"

失去了自由才觉得自由的可贵。一名犯罪人员忏悔说：我现在深居高墙之内，接受法律的惩罚和漫长岁月的煎熬。妻儿不能相聚，亲友不得见面，我所面对的就是铁窗监牢。人常说，人生老来夕阳红，可我如今却是泪洒黄昏悔已迟。监狱生活的日日夜夜，羞悔、悔恨、悲伤、孤独一齐噬咬我的心；每月一次的亲属探视，成了我昼夜思念的祈望；从旧报纸中看到一丝家乡的信息，都会使我欣喜若狂；老伴在隔桌相望的探视中转达一句原来同志、朋友的问候，我都会热泪盈眶。

党纪国法具有强制性、权威性和不可亵渎性。"法律不能使人人平等，但法律面前却人人平等"，这是法治的精髓。法律可以惩戒人，更能保护人。只有自觉学习党纪国法，明确哪些是可以做的，哪些不能做，违纪有哪些危害，不断增强纪律意识、法治意识，常存敬畏之心，不碰"高压线"，才能在党纪国法的"规矩"之内，自由自在地工作、生活，尽情地享受"天底下守法者最快活"的乐趣，达到"身正心安魂梦稳，天知地鉴鬼神钦"的境地。

列宁在谈到工人阶级政党的纪律时就曾经精辟地指出："行动一致，讨论自由和批评自由——这就是我们的定义。只有这样的纪律才是先进阶级的民主政党所应有的纪律。"(《列宁全集》第11卷，人民出版社1987年版，第301页)

有的人在权与纪、钱与纪、色与纪面前，觉得纪律规定是给别人制定的，是远离自己的东西；遵守纪律也是别人的事情，"我"不必那么受约束。这实际上是缺少纪律修养的表现。

有些党员领导干部口是心非，知行不一，在台上讲起党纪国法来头头是道，暗地里却干着违法乱纪的勾当，肆无忌惮且心存侥幸。

受贿与行贿在违法违纪中是一对"孪生兄弟"，有受贿就有行贿。行贿实际是拿财物做交易（将来可能会把非财物的交易一同认定，如性贿赂），换回自己所要的不正当利益。行贿者付出财物后，必然会拼命追求其不正当利益，一旦达到目的，又会变本加厉谋求更大的不正当利益。

人之将死，其言也善；鸟之将死，其鸣也哀。某市一名领导干部在即将退休的几年里，吃了败仗，受贿20余万元。这个人是一个典型的法盲、纪盲：在宣布开除其党籍时，他要求：能不能不开除我的党籍，哪怕多给我留党察看几年也行啊！这位有35年党龄的领导干部，竟不知道留党察看最长时间是两年。他以为受贿20多万元只要说出来、退回来就没事了。

一位领导同志说，作为领导干部，尽管不能攀升官德的最高境界，但官德的最低下限必须坚守。这个底线就是要生活在法纪制度之下，它既是高压线，更是我们平日用权行事的规范，是生命线。从被处分人员蜕化的轨迹看，都有一个逐步演变的过程，从"不敢要"到默认，从"敢要了"到公然敛财，基本上是从无视党的纪律开始的。

一个人不遵纪守法，干些见不得人的事，一有风吹草动，心里就不踏实、就恐慌。要"有所为"，又要"有所畏"，"有所畏"才能保证

"有所为"。这个畏，不是怕担责任，也不是怕吃苦，而是经常用"怕"字来约束自己，怕违纪违法，怕有愧于各级组织，在遇到可能违反纪律规定的时候，要有临深渊、履薄冰的心态，多一份警醒，努力预防问题的发生。

胡锦涛指出："纪律严明和党性坚强密不可分，党性坚强的人必定是模范遵守纪律的人。加强党性修养，严守党的纪律，是对领导干部的基本要求，也是弘扬优良作风、保证党的路线方针政策贯彻执行的前提条件。我们党要始终成为团结带领全国各族人民发展中国特色社会主义的坚强领导核心，战胜前进道路上可能出现的各种困难和风险，必须发挥纪律严明这个优势。如果大家对中央三令五申的禁令和规章置若罔闻、我行我素，我们这个党就会被搞散，我们这个国家就会被搞散，哪里还谈得上同心同德、万众一心为全面建设小康社会、发展中国特色社会主义而奋斗？越是推进改革开放，越是发展社会主义市场经济，越要自觉遵守和维护党的纪律。"

党员干部该做什么，不该做什么，都能在党的纪律中找到答案。在各种诱惑面前，必须时时处处用党纪国法严格要求自己，把外在约束转化为内在的自控力和自觉性。

金钱具有双重的属性：它可以使人高尚，亦可使人卑鄙；可使人完善，也可使人残缺；可使人成为真正的人，也可使人成为奴隶。任何一个企业，在追求经济效益的同时，必须依法经营，依法办事；任何一个人，都必须牢固树立法制观念，在党纪国法面前没有特权，纪律约束没有例外，自觉遵纪守法，绝不见利忘义、贪赃枉法。总之，市场经济是法制经济，任何组织、任何人都必须在法律规定的范围内活动，任何行为都必须合法，这是一个铁的准则。

有的人同行行色色供应商打交道，多年从事设备采购管理工作，没有走出"常在河边走，哪有不湿鞋"的怪圈，为什么呢？

"艺高人胆大"，是一些人违纪、违法的重要主观因素之一。对自己的工作环境、业务以及业内的一些"潜规则"等了如指掌，于是自以为是地认为找到了可以钻空子的缝隙，胆大妄为，违法乱纪，其猖狂程度令人触目惊心。

"借风使船"，自以为神不知鬼不觉，是一些人违纪、违法行为的另一个特征。一些有丰富工作经验、又掌握一定权力的人，他们深谙业务规则，达成幕后交易后，以装聋作哑的形式，不履行职责，然后收受好处，来实现其对请托人的承诺。

领导干部不是生活在真空中，不能完全超脱于世俗人情之外，亲戚朋友之间的礼尚往来，上下级之间的互相帮助，本是人之常情。但这种人之常情，超越了党纪国法，那就值得警惕了。诱惑是客观的，但并不是挡不住的！对用重金衬托的"世俗人情"，就应保持清醒头脑。我们承认世俗人情，但更要坚持党性原则，绝不能为世俗人情所累。特别是当手中握有权力的时候，更应该高度警惕，绝不能被那些别有用心的世俗人情牵着鼻子走，绝不能使手中的权力被世俗人情支配。

遵纪守法不仅是一种义务，也是一种考验；不仅是一种自律，也是一种"自卫"。作为党员尤其是领导干部，在任何时候、任何情况下，都要受到一定的约束，遵守党章以及一系列党的纪律规定，不踩"红线"，不越"雷池"，不闯"禁区"，绝不把公权变私权，不把职权变特权，时时处处带头模范遵守党纪国法。

如果忽视小节，就会积小成恶。古人云："不积小善，不能成大德；不积小恶，不足以亡身。"一些贪官的堕落是个渐进的过程：从最初跟不法商人吃吃喝喝，频繁出入娱乐场所，直到收受贿赂，一步步滑向犯罪深渊。因此，领导干部修养要从大的目标、大的方向着眼，从小的方面做起，谨言慎行，见微知著，朝过夕改。不管是工作时间还是业余时间，都从严从细约束自己，牢固树立"廉洁自律无小事"的观念，用"贪取一钱，即与千金无异"的高标准严格要求自己，时时防范，日积月累，不断升华，"积小善而成大德"。

加强纪律修养，必须"慎独"。慎是指小心谨慎，随时戒备；独是独处，独行其是。综合起来，就是纪律和道德舆论管不到的地方，别人看不到、听不到的时候,也能坚持自己的道德信念,不因无人监督而恣意妄为,做不道德的事情。

刘少奇指出:"即使在他个人独立工作、无人监督、有做各种坏事的可能的时候,他能够'慎独',不做任何坏事。"(《刘少奇选集》上卷,人民出版社1981年版,第133页)慎独是一个人圣洁内心世界的反映,展现出高尚的人格力量和道德品质。

"慎独"应该成为领导干部完善自我、自觉遵守纪律的高尚境界。在任何环境、任何时候都能做到独善其身、临渊履冰,慎思慎行,特别是在生活圈、社交圈等远离公众视线的私人空间,在道德上坚守清白,在精神上追求高尚,在行为上坦荡磊落,不因无人监督而恣意妄为,自觉按照纪律和道德准则约束自己的思与行。

英国的一位哲人说过:现代道德存在于对时代准则的恪守之中。应自觉地加强纪律修养,在每一项工作中,在每一个工作环节上,在每一个工作细节上,都要严格遵守党纪国法,做到"能干事、不出事"。在大事小情上不放松对自己的要求,管住自己的头,管住自己的嘴,管住自己的手,管住自己的脚,把纪律、法律转变为高度的自律,做到时刻警醒,不能满足于良好的自我感觉。

做到遵纪守法,还要同违反纪律的行为做斗争。不能因为有些违反纪律的人是自己的好朋友、老同学,一时犯纪律就听之任之,不要因为违反纪律的身边同志"抬头不见低头见",就息事宁人、优柔寡断、畏难手软,放松纪律要求。

党组织应引导和督促广大党员、干部讲政治、顾大局、守纪律,自觉同党中央在思想上政治上行动上保持高度一致。坚决整治跑官要官、买官卖官、拉票贿选等问题。

让我们把腐败案件作为镜鉴,倍加珍惜自己名节,倍加珍惜工作岗位,倍加珍惜家庭幸福,筑起一道防范的界碑,自觉地用纪律来规范自己的行为,始终保持昂扬锐气、浩然正气和蓬勃朝气,方可清廉走人生。

制约权力福祉多

—— 接受监督

天安门前华表的前身是"午"字型的"诽谤之木"。尧帝在治理国家时，让人们把他在政治上的缺失写在上面，相当于意见箱。"尧立诽谤之木，舜设敢谏之鼓"，是我国最早采取监督的措施之一。

所谓监督，就是检查、督促、监察，包括督促党员干部的工作，防患未然，也包含出现问题后的批评和检举，直至诉诸党纪国法。

提高监督能力，促使监督到位，主动接受监督，是一个党、一个国家跳出兴亡"周期律"的关键环节，是解决腐败现象的有效措施，是民主政治的生命线。一个政党只有自觉接受监督，才会不犯或少犯错误；一个领导干部只有自觉接受监督，将自己置于阳光之下，才会防微杜渐，保持蓬勃朝气、昂扬锐气和浩然正气。

纵观世界各国，尤其是国际透明指数公布的廉洁指数比较高的国家，大都建立了与自己国情相适应的权力监督体系，以保证权力不被滥用，不被"寻租"。

有的领导者乐于接受权力而不愿意被人监督行使权力，认为被人监督不是好受的事，想挣脱监督，让自己不受监督，把手中的权力不受约束地尽情发挥。当掌握权力而没有监督和制约时，虽然一时感到"舒服"、神怡，但容易得意忘形，滥用权力，甚至权力寻租，导致腐败，导致专横，甚至会导致悲剧，自毁前程。

有些领导把小节上的被监督视为较真、与自己过不去。殊不知，"不自重者致辱，不自畏者招祸"，正是小节上的节节失守而导致大节沦陷堕落。有个年轻干部看着身边接触的人，变成了"大腕"、"大款"，由羡慕到追求，私欲极度膨胀，奢靡占了上风，被手中权力、阿谀、笑脸、奉迎、吹捧，弄得忘乎所以。有人送来大量贿赂，欣然笑纳；有人送来贵重礼品，一律全收；而这些人请托办事时，无原则地予以关照、协调，结果在"平流无石处"出事。

对于党员领导干部来说，正确看待监督，主动服从监督，乐于接受监督，是其必备的政治素养，是其政治生命的题中应有之义，是改进作风的重要环节，是决策民主的重要内容。如果没有监督制约，不愿意面对监督，总爱一个人说了算，不自觉接受监督，逃避监督或者排斥监督，也就丧失了作为党的干部的起码资格，思想就会"滑坡"，随时都有被权力腐蚀的可能性，就会犯错误。

有些领导干部原来很优秀，随着职位的升迁和权力的扩大，逐渐放松了对自己的要求，搞家长制和一言堂，没有接受组织的监督，结果在错误的道路上越滑越远，最后变成了一副贪官嘴脸。有的人在八小时之外，与狐朋狗友混在一起，吃喝玩乐，彻底"放松"，把自己等同于小混混，误入歧途，直到被押上审判席，才喟叹自己对不起党、对不起百姓、对不起家人。

已被判处死刑的杭州市原副市长许迈永被称为"许三多"（钱多、房多、女人多）。个人逃避监督管理，组织疏于监督管理，正是"许三多"身居要职后恣意妄为、迅速滑向深渊的重要原因。

腐败分子的案件警示我们，尽管共产党员"是特殊材料制成的"，领导干部是其中的佼佼者，但不能由此推论他们就必然具有天然的防腐功能——每个党员领导干部都面临着权力、地位、金钱、美色的考验，与腐败分子之间并没有不可逾越的鸿沟，因而必须约束自己，接受组织、群众、舆论的监督，树立法律面前人人平等、制度面前没有特权、制度约束没有例外的意识，增强接受党组织和群众监督的意识。

列宁说:"工人领袖不是天使,不是圣人,不是英雄,而是普通的人。他们犯了错误,党就去纠正这些错误。德国工人党甚至曾去纠正像倍倍尔这样伟大的领袖所犯的机会主义错误。"(《列宁全集》第18卷,人民出版社1988年版,第160页)

自觉接受党和群众的批评和监督,是党章对党的干部的基本要求。党员领导干部是党的事业的骨干,是人民的公仆。公仆接受公众的监督,合情合理,天经地义。拒绝监督就等于否认自身的公仆定位。

组织的监督看起来是对我们的约束,但实际上,监督是一种关心,一种爱护,一种保护,是被监督者的福分。当一个人有权的时候,最值得担忧的是随着权力的增大而被监督意识逐渐淡化,最值得庆幸的是被监督意识随着权力的增大而愈加强化。

领导干部只有把自己置于组织和群众的监督之下,才会进一步提高党性觉悟,约束自己不犯错误;即使有了缺点毛病,也能很快发觉,及时得到纠正,不会酿成不可挽回的大错。

因此,应习惯于在监督下工作,把各方面监督当做一面镜子,闻过则喜、有过则改,不断完善自己,不把上级监督看成是对自己不信任,不把同级监督看成是跟自己闹别扭,不把下级监督看成是与自己过不去。

千万不要认为自己就是管别人的,将自己置身于监督对象之外,监督不到自己头上,不要自以为高明、总是有理、比别人了不起,千万不要摆架子,认为主动接受监督会降低身价,一听到监督就反感,不要认为同级的监督是不给面子,下级的监督是抓住一点不及其余,群众的监督是对自己不尊重。加强对领导干部监督绝不是对谁不信任、跟谁过不去,更不是"整人",而是爱护干部,是保护干部健康成长的重要措施。

胡锦涛在一次讲话中指出:"每个党员干部都要自觉接受监督,党内不允许有任何不接受监督的特殊党员。"如果自我约束不力又脱离了监督,就会出问题。

监督是最好的防腐剂，接受监督是最好的自我保护。乐于被监督，约束的是私欲，保护的是生存权。被监督，如同为自己请了一位保健医生，经常为你做"体检"，做到无病预防，有病治疗，防止小毛病发展成大错误，避免"亚健康"恶化成"不健康"。因此，领导干部应自觉接受监督，养成在党组织和群众监督下开展工作的好习惯。

虚心接受监督和批评，让手中的权力在阳光下运行，是坚持党性原则、实施民主政治、增强公信度的重大问题，是增强免疫力的内在力量，是抵御诱惑、防止腐败、赢得民心、保持不败的重要保证。

党员领导干部自觉接受党组织监督、群众监督、舆论监督、司法监督，主动地参加党内民主生活会，主动交流思想，诚恳接受批评，就可以使自己的思想受到触动，得到警醒，经常反思，加强防范，有些小来小去的事，警惕性可能就高些，不会马马虎虎上当，就可以使自己清醒。有了党纪政纪规范必须遵守，经常规范自己，矫正言行的误差，不越雷池一步，还可使自己已发生的问题得到及时改正。

自我监督是监督的一个不可缺少的环节。只有在自我不断的对照、反省、提示、督促下，精神境界才可能提高。有些事领导监督不了，家属也监督不了，这就更要靠自身过硬，思想道德防线牢固，什么事能做，什么事不能做，一定不能含糊，千万不能迈出错误的第一步。

自我监督既是监控自身行为的警戒器，又是提高自身思想品德层次的催生剂。要经常按照党章和党纪政纪条规对照检查，经常从典型案例中汲取教训，绝不把党和人民赋予的权力作为个人进行等价交换的商品，搞权钱交易。要虚心听取批评，勿以恶小而为之，勿以善小而不为。不要以自己"功劳大"、"资历深"自居，不能目空一切、"一手遮天"。

为了抓好监督工作，应搞好权力制衡。要本着对党的事业负责、对同志负责的精神，关注权力运行过程，找准权力正确运作与非轨运作的"临界点"，建立起相互作用、环环相扣的权力监督机制，形成上下左右全方位的制约网络。应针对个人、部门、单位权力过分集中、缺乏约束，容易产生以权谋私的行为，对权力进行适度分解，亦即对权力总量进行合理切块——在分权、均权、抑权、制权上采取有效措施，使每个权力行使者都具有权力的行使者和权力的制约者的双重身份。权力的行使者不仅受到其他权力的约束，而且也同时约束着其他权力，从而解决因权力集中、权力较大而形成的监督"空白"。

要完善党内民主集中制，凡涉及重大决策、重要干部任免、重大项目安排和大额度资金的使用，必须经集体讨论决定，加大权力运行的透明度，防止个人说了算，充分发挥领导班子内部相互监督的作用。民主生活会是加强班子成员互相监督的最好形式。召开民主生活会时，党委成员要站在党性原则的高度，勇于直言批评，消除私心杂念和畏难情绪，克服"揭露问题会影响团结，指出缺点会影响感情，揭短亮丑会影响威信"等模糊认识。正副书记应以身作则带好头，开展批评与自我批评，及时纠正各种不正确的思想和行为。

挺志坚然白璧姿

—— 清正廉洁

　　清正廉洁，是官德中的重要方面，是保持党员干部纯洁性的本质要求，是赢得民心的重要法宝。官德高尚方能廉洁自律，方能培育健康向上的生活态度。德行过关、廉政为民、清廉自奉，一直被视做从政者的主要行为规范。

　　数千年来，黎民百姓无不把清正廉洁作为衡量官吏的根本标准。武则天在《臣轨》里说："廉平之德，吏之宝也。"张养浩《牧民忠告》说："故君子之从政也，宁公而贫，不私而富。"

　　在儒家的修身治国平天下的政治理念中，"廉洁"、"廉平"、"廉正"、"廉直"、"廉谨"也是主要的道德准则，体恤民生，闪烁光华。所谓"廉者，民之表"，"廉者，仕之本"等箴言，可谓俯拾即是。

　　在中国古代，传统的伦理学有诸多课目：礼、仁、忠、义、孝等，其中"廉"这一道德修养极受褒扬。许多贤能圣哲、志士仁人，对"廉"有精辟的见解，给后人留下许多宝贵箴言。

　　《晏子春秋》记载了齐景公与晏子关于"廉政"的对话。景公问晏子曰："廉政而长久，其行何也？"晏子对曰："其行水也。美哉水乎清清，其浊无不雩途，其清无不洒除，是以长久也。"这是"廉政"一词在文献上第一次出现。

　　在漫长的历史长河中，廉洁曾与腐败进行了艰难的较量，腐败不断地侵袭、玷污廉洁，但廉洁以其顽强的生命力存在着、发展着，她出污泥而不染，显示着自身的纯洁和高尚。

中华民族讲廉洁、重气节、挺脊梁，视廉洁如生命，不荡于富贵，不蘼于贫贱，不摇于威武。道之所在，死生以之。多少清正廉洁的故事，尽管是"俱往矣"，但仍在我们的心中珍藏。

为公荐贤自芬芳，却笑夜半馈金忙。独有四知弥珍贵，清风伴汝美名扬。杨震（公元59—124年），东汉的名臣，被当时的读书人誉为"关西孔子"。杨震淡泊名利，为官清廉，郡长官多次征召他出来做官，都被他称病而拒，直到50岁时才开始出任郡、州官。

杨震后来改任涿郡太守，仍然公正廉明，从不与人拉关系、走门路，不肯接受私人的拜访和别人私赠的礼物，他的弟子们只能常吃些没肉的饭菜，衣无锦绣，徒步往来不乘坐马车。

他的许多老朋友见他做了多年的官，没有置办一点儿产业，便婉言劝他给子孙弄些产业。杨震说："让我的后代被人称做是清白官吏的子孙，留给他们'清白'两个字，不是一份丰厚的家业吗？"杨震的子孙为缅怀其清正德操，取其堂名为"四知堂"。

"不为千古靖节名，只留清白在人间"。杨震除了将清白家风留给子女以外，还将笃志好学、刚正不阿等诸多好品格留给子女。杨震的曾孙杨奇在汉灵帝时任侍中，对皇帝也同样不肯阿谀奉承。汉灵帝说："他连我都照样敢于顶撞，真是个强项令，真是杨震的子孙！"

杨震在"廉洁"二字上作出了表率。唐代周昙诗《杨震》："为国推贤非惠私，十金为报遽相危。无言暗室无人见，咫尺斯须已四知。"后来，杨震官至太常、太尉，耿直无私、洁身自好的品格未曾有过一丝一毫的改变。

北宋学者周敦颐为人清廉正直，襟怀淡泊，平生酷爱莲花。他的《爱莲说》中的名句："出淤泥而不染，濯清莲而不妖"，其寓意是在尘世中保持高洁，当个出淤泥而不染的君子。

明朝况钟在苏州任满赴京时，拒收满城官员和百姓向他赠送的金钱和礼品后,向众人回赠一首诗:"检点行囊一担轻,长安望去几多程。停鞭静忆几多日,事事堪称天日盟。"表达了为官要对得起黎民百姓、无愧于苍天的坦荡胸怀。

康熙认为清官刚正不阿,易为奸佞残害,因而常加意保护,甚至加以特殊眷顾。康熙还注重宣传清官的事迹,倡导廉正的官场风气,意在让天下官员仿效。康熙尚德、兴廉的吏治思想和实践收到了一定效果。

康熙年间,清官张伯行在任江苏、福建巡抚时,对于地方长官的阿谀奉承,迎来送往十分鄙薄,曾经撰写《禁止馈赠送檄》高悬堂上,晓谕下属:一丝一粒,我之名节;一厘一毫,民之脂膏。宽一分,民受赐不止一分;取一文,我为人不值一文。谁云交际之常,廉耻实伤,倘非不义之财,此物何来。时人誉为从政之"金绳铁矩",使得那些妄图通过送礼来讨好上司的人望而却步。

在中国共产党创立 90 年的奋斗历程中,历代党的领导人都把一切腐败现象视为破坏纯洁性、影响公信力、涣散凝聚力的"病毒",都坚持从严治党,选拔任用清白干部,不断强化党的纯洁本色,反对贪污腐败的斗争和倡导清正廉洁教育一直没有停止过。

清正廉洁,是对作为"人民公仆"的领导干部的基本要求,也是权力的人民性和公共性本质的必然要求,是从政者最基本的伦理道德标准。清正廉洁传承着民族的精神,凝结着慎独的品质,构筑着镰刀斧头的本色,培育着"权为民所用"的道德修养。

几十年来,方志敏这个光辉的名字为一代代革命者所敬仰。方志敏从事革命斗争十余年来,经手的钱款数百万元,却是一点一滴都用之于革命事业。妻子从红军在白区缴获来的物品中要了一块绒布做演出服,马上被方志敏批评了一顿,并要求立即送回。他被囚期间,朋友出于仰慕送来钱物,他马上转送狱中病饿的难友。国民党送来让他交代的纸笔,被他用来写出许多宝贵的文稿,并秘密托人通过鲁迅等关系转送给了党组织。他在《清贫》中写道:"清贫,洁白朴素的生活,正是我们革命者能够战胜许多困难的地方!"

1935年1月间，方志敏率领北上抗日先遣队转战皖南失利。在返回赣东北根据地作短暂休整的途中，遭到七倍于抗日先遣队的国民党军包围，七次突围都未获成功。1月29日上午，由于叛徒出卖，方志敏不幸被俘入狱。在狱中，他坚贞不屈，视死如归，牺牲时年仅36岁。

清正廉洁是抵御诱惑的盾牌，人心向背的"晴雨表"，是为政者官德优劣的分水岭。清正廉洁的人生光明磊落、正义浩然、问心无愧，清正廉洁之生命之旅如夏花般之绚烂，清正廉洁之品行可与日月同辉。

十月革命初期，流传着这样一个动人的故事：粮食人民委员（相当于粮食部部长）翟鲁巴因饥饿而晕倒在人民委员会会议上。在饥荒时期，翟鲁巴拥有调拨几百万甚至几千万斤粮食的权力，他却没有从中留下能填饱自己肚子的一小口粮食。他的崇高品质使在场所有的人无不动容。

身葆廉风施正气，胸含霁月鉴清心。能否做到秉公用权、不以权谋私，依法用权、不徇私枉法，廉洁用权、不贪污腐败，体现出共产党人的基本素质和修养高下。

蒋介石曾经感叹道："为什么像周恩来等这样有道德、有胆识、有才干之人，不能为我所用。"正是由于在国民党反动派的统治下，政府腐败，官德不兴，导致国运衰落，民不聊生。这就注定了国民党反动派必然失败。

开国总理周恩来毕生廉洁，克己奉公。他虽身居高位，却从不搞特殊化，从没有为自己或亲朋好友谋过半点私利。

周恩来在新中国成立后一直从事外事活动，经常出访和接见外宾，但他仅有的几套料子服装，大都穿了几十年，有的经缝补后继续穿。他的旧衬衣换上新的领子和袖口照旧穿。他穿用了几十年破旧的睡衣、皮凉鞋和第一代上海牌国产手表等，已作为进行艰苦朴素教育的珍贵文物，存放在中国革命博物馆。

在住房方面，周恩来在中南海西花厅一住就是26年。西花厅是清朝乾隆年间修建的老式平房，青砖地，年久失修，比较潮湿阴冷。身边工作人员于1959年年底，趁他和邓颖超出差外地对西花厅进行保护性维修。他回京发现后，非常生气，临时住在钓鱼台。直至最后按照他的要求，撤掉了新添置陈设后，他才搬回到西花厅。后来，为此事他主动在国务院会议上做了三次检讨，向到会的副总理和部长们说："你们千万不要重复我的这个错误。"

在用车上，周恩来也公私分明。他乘车去饭店理发，去医院看病，去探亲访友，去看戏、跳舞，去公园散步等，都算作私人用车，总要叮嘱身边工作人员照章付费，从工资中扣交。陈毅感叹地说："廉洁奉公，以正治国者，周恩来也。"

周恩来很喜欢吃家乡淮安的特产"茶馓"。有一次，淮安的基层干部到北京探望他，带了不少茶馓。周恩来不好拒绝家乡人民的深情厚谊，就安排秘书送去了一箱外国的白兰地、威士忌和红、白葡萄酒，按价格计算，高出茶馓十多倍。从那以后，淮安乡亲再来看望周恩来，就不好带礼物了，谁也不好意思再让周恩来回赠那么贵重的礼物。

一位曾在周恩来身边工作过的人，后来调到了某军区做副司令员，托人给周恩来送了一筐新鲜的橘子。周恩来一见这礼物就要退还。很多人劝他："既然送来了也就算了。"周恩来一想也是，这新鲜的水果是经不起折腾的，送回去就失去原来的可口味道，便吩咐秘书给送礼物的人寄去50元。果然，那位副司令员再也不敢给周恩来送东西了。

领导干部的言行举止对一个地方和部门的风气具有明显的示范引导作用。领导干部思想纯洁、行为廉洁，关乎个人素质，更关系到社会安定、人民福祉、国家兴旺。历史经验证明，廉洁与否决定着政权的兴衰成败。如果廉政上不过关，就没有先进性和纯洁性可言，就会丧失民心。汉代班固说："吏不廉平，则治道衰。"

我们党员干部队伍从总体上是好的、是比较廉洁的，但也要看到，用新形势新任务的要求来衡量，部分党员干部的品行和能力素质有缺陷。有的党员干部理想信念不坚定，宗旨意识淡漠，实践经验和工作能力不强，有的经不起权力、地位的考验。从一些单位近几年发生的案件情况看，尽管各级党政组织三令五申，但贪污、受贿、违反财政法规等案件仍然时有发生，其中犯罪败露落马的领导干部违法违纪凸显，比例较高。

廉洁的对立面是贪婪。有一则故事：从前有一个乞丐，在山中偶然拾到一块金子，亲朋好友闻讯前来祝贺。他却愁眉不展："人家都说这山中有三块金子，我才拾到其中一块，那两块到底在哪里呢？唉！真是愁死人了。"他因此病倒了。

古人云："世人如何不心安，只因放纵欲望船。"贪欲是永难填满的无底洞，金钱多了还要多，美色占了还要占，权位高了还要高，贪得无厌将使私壑永难填满。

贪婪是导致领导干部道德沦丧、腐化堕落的思想根源。有的领导干部看着身边接触的人，一个个变成了"大腕"、"大款"，盲目与他人比收入、比奢华，由羡慕到追求，忘记了一名党员干部应有的操守与品行，忘记了自己肩负的职责，私欲极度膨胀，奢靡占了上风，权力被熏染上了铜臭，而异化和失控，利用手中的审批权转换为货币收入，结果用权力的"双刃剑"砍倒自己。

贪婪的人最愚蠢，眼前只有私利，一叶障目。贪婪的人最怯懦，他总是怕失去自己的私利。苏联著名音乐活动家谢德林有句名言："人往往异想天开，竭力追求得不到的东西、做办不到的事，结果不是后悔就是苦恼。""导致痛苦的不是贫穷，而是贪欲。"贪婪的人能丧失理智、丧失德性，犯重大错误，就像走路失足陷入了泥淖，再没办法自拔一般，追悔莫及，酿成终身恨事。

胡锦涛在庆祝中国共产党成立90周年大会上讲话时指出，坚决惩治和有效预防腐败，关系人心向背和党的生死存亡。如果腐败得不到有效惩治，党就会丧失人民的信任和支持。

贺国强在十七届中央纪委七次全会上指出："一些国家和政权兴衰更迭的事实说明，如果腐败得不到有效治理，就会丧失人民信任和支持，就有亡党亡国的危险。"建立人民政权达70多年的苏联垮于一旦，克里姆林宫上空飘扬了70多年的红旗悄然降落，从根本上说，是因为苏共的严重腐败，严重践踏了人民的权利和尊严，蜕变为一个庞大的官僚特权阶层，其教训极为深刻。

贪污腐败、奢侈浪费，是事业成功的大敌，是惹事招祸的首因。荀悦《申鉴》认为，统治阶级自身的腐败是国家衰亡的又一致命根源。他把"私"、"奢"放在"四患"之首，认为"私坏法，法坏则世倾；奢败制，制败则欲肆"。他提出导致国家危亡有九种风气，其中"私政行"是致命的"亡国之风"。要扭转国家日趋衰落的局面，必须惩治腐败。

古语云："境由心生"。英国作家约翰·弥尔顿说："心，乃是你活动的天地，你可以把地狱变成天国，亦可以把天国变成地狱。"贪婪是欲火、是魔道。贪欲遮住了双眼，执迷而不悟，就无法看到危险所在。贪欲往往会使人用多种手段去追逐，一心想着的是"拿来"，不择手段地掠取、占有，已有的尊严、恪守的原则、追求的理想，在贪欲面前垮掉，结果把自己推向了罪恶的深渊，打破了家庭的和美团圆。冰冷的铁窗内，贪者已是千夫所指的罪人。

加强廉洁与保持党的纯洁性密切相关，廉洁是纯洁的重要体现。一个人廉洁上不过关，根源在于思想不正、作风不纯。我们党夺取政权不容易，执掌政权尤其是长期执掌政权更不容易。党的执政基础最容易因腐败而被削弱。腐败是党性不纯的极端表现。少数领导干部蜕变为腐败分子和反面教员，应当成为全体党员及领导干部明断得失的明镜。

廉政折射官德，官德体现廉政。习近平指出："廉洁是对领导干部的一项基本要求，是官德的重要内容。对于领导干部而言，官德与廉洁高度一致。讲官德必然要求讲廉洁，不廉洁就不可能有官德，这是古今如一的道理。做共产党的'官'，就是要全心全意为人民服务，注定是不能发财的。因此，领导干部用权讲官德，就必须争当廉洁奉公的表率。"（《求是》杂志2004年第19期）

领导干部常修为政之德，常思贪欲之害，常怀律己之心，守洁如玉，清廉如水，取信于民，才能敢于碰硬，提高威信，产生凝聚力，增加号召力。你一身正气，廉洁从政，就敢于正视执法执纪人员，没有内疚和畏惧，你可以闲庭信步，坦荡无忧，谈笑风生，你可以在别人违纪时，敢于说"不"！

一个人拥有不义之财，就无法感受到过去那种清正廉洁的踏实与美好。一名犯罪人员写道：由于我的犯罪，我的亲人和家庭在精神、心理上承受了巨大的压力和沉重的打击：父亲含恨去世，母亲过度悲伤而衰老，一个美满的家庭破碎了。在入狱后的第一次家属见面时，我哥哥搀扶着母亲专程从杭州来看我。当我第一眼看到3年未见的母亲时，我简直想不到这个白发苍苍、有点儿背驼的老人，就是我的母亲！我情不自禁地哭着对母亲说："请饶恕我，妈妈！我对不起你们二老。我知道父亲是活活被我气死的。我是×家的不肖子孙，现在悔恨已经来不及了……"

清正廉洁的人，为无所求而快乐；贪婪不止的人，为物欲不能满足而忧伤。"知足天地宽，贪得宇宙隘。"一个人如果欲望太多，他就缺少智慧与灵性，就会蒙受损失。猛兽易伏，人心难降。倘若一个人处处以"足"为目标不懈追求，那么他所得到的结果将是永远的不足。

良田万顷，日食不过一斗；广厦万千，夜卧仅有八尺。高飞之鸟，亡于贪食；深潭之鱼，死于香饵。钱财是身外的，美色是有害的，权位是暂时的。想清楚了这些根本问题，就能够在生活圈、工作圈、交际圈中，提高自控能力，过好名利关、金钱关、美色关。

一位犯罪服刑人员忏悔说：我的犯罪，毁灭了自己的人生。人们常说，人生是美好的，外面的世界多精彩。可是，这些都与我无缘了！我绝不会忘记我刚进江门看守所的第一天感受：与我同屋的是本市私企协会副会长、某房地产公司董事长，他对我说："×哥，这个地方你怎么也进来啦？不该来啊！既然来了，以后你的命运会比一般人更惨，十六个字：身败名裂、倾家荡产、家破人亡、九死一生！这番话，令我不寒而栗……"

一个人如果欲望太多,他就缺少智慧与灵性,就会蒙受损失。贪婪与堕落是孪生兄弟。司马光说:"侈则多欲,君子多欲则贪慕富贵,枉道速祸;小人多欲则多求妄用,败家丧身。"这确是悟道之言,也是案件留给我们的又一个启示。

有一位离退休老红军,总结自己几十年的人生经历,提出"三个看一看":经常到烈士陵园看一看,想想革命胜利来之不易,就会格外珍惜今天的幸福生活;经常到监狱去看一看,想想那些贪得无厌者的下场,就会遏制住不断萌发的贪婪欲望;经常到殡仪馆看一看,想想人总是赤裸裸地来、光溜溜地走,就会保持一颗平常心,不为功名利禄所累。

清正廉洁是"仁者之德"、从政之本,是为民谋利的秉政基础,关系到领导干部的政治生命、人身自由和家庭幸福,关系到党和政府的形象声誉与改革开放和社会主义现代化大业的成败。在改革开放条件下,党员领导干部一定要把清正廉洁作为道德修养和党性修养的必修课、党性锻炼的重要任务,常怀忧党之心,恪尽兴党之责,反腐倡廉常抓不懈,拒腐防变警钟长鸣。

无数事实表明,不是自己的东西不能拿,不是自己的果实不能摘,不是你的到手也白搭。廉洁也是幸福,做人清白,不贪不占,就无"半夜敲门"之惊和"东窗事发"之忧,活得心地坦然,坦荡泰然,"心底无私天地宽",说话硬气,办事踏实,就会赢来吉祥,兴家兴中华,一生高尚;谁能把贪欲踩在脚下,谁就是把正义扛在了肩上。

纯洁性作为马克思主义政党的价值理念和行为准则,始终是我们党不变的追求和坚守,体现在党的思想、组织、作风等各个方面。早在1945年,毛泽东就曾提出,要夺取全国革命的胜利,"就要有一个有纪律的、思想上纯洁的、组织上纯洁的党"。在十七届中央纪委第七次全体会议上,胡锦涛强调,"我们党作为马克思主义执政党,只有不断保持纯洁性,才能提高在群众中的威信,才能赢得人民信赖和拥护,才能不断巩固执政基础,才能实现党和国家兴旺发达、长治久安"。

先进性决定着纯洁性的价值取向；纯洁性是党的生命线，是党和人民满意的关注点，是先进性的重要体现，是先进性的前提和基础，对党的创造力、凝聚力、战斗力有着根本的影响。一个政党只有保持纯洁性，才能永葆先进性。习近平在中央党校 2012 年春季学期开学典礼上强调，领导干部要时时、处处用党的纯洁性要求对照自己、检点自己、修正自己、提高自己，要求别人做的自己带头做到，要求别人不做的自己带头不做，以率先垂范的实际行动充分体现党的纯洁性。

清正廉洁，以身作则，体现出共产党人的基本素质和修养高下，是思想纯洁、作风纯洁的重要体现，是党员干部必须具备的品格，是思想境界的"修习"，是精神家园的"保洁"，也是党和人民对我们的起码要求。

"居高声自远，非是藉秋风。"共产党员没有自己的特殊利益和要求，本意就不图索取任何东西。共产党员尤其是领导干部既要珍惜名声，珍惜职位，更要保持共产党人的政治本色，从肩负特殊历史使命和增强执政能力来要求和衡量自己，不断提升精神境界，时刻保持廉洁的心态，坚守廉洁的底线，珍视廉洁的操守，就会在物质利益的诱惑面前始终保持清醒的头脑，抵御任何形式的"糖衣炮弹"的袭击，自觉地做到清正廉洁、秉公用权，坚持破世俗一尘不染，立高洁两袖清风，向党和人民交上满意的答卷。

玉锁缠身无幸福

—— 何唯钱役

每个人来到世间,学习、工作、生活交织在一起,荣辱、得失、苦乐伴随着一生,共同勾勒出多彩的人生画面。

人不仅活在物质世界里,而且活在精神世界里。对于人的生命而言,要存活,只要一碗饭,一杯水,一张床就可以了;但是要想活得精彩,一定要有理想和信念,有那么一种精神。

历史上许多志士仁人舍"金"取"义",乐而不倦。孔子的学生颜回,就"一箪食,一瓢饮,在陋巷,人不堪其忧,回也不改其乐"。颜回的精神生活受到后人的尊崇。

钱这个东西生不带来,死不带去,它要靠打拼才会有,能带来好处,但处理不好,会带来折磨。因此,对钱不可太感兴趣,不必太执著。

金银原本的使用价值有限,不过当当装饰品,做做器皿而已。金银天然不是货币,但货币天然是金银。当金银成了一般等价物,亦即成为货币以后,世人才对其趋之若鹜。马克思说,自从有可能把商品当做交换价值来保持,或把交换价值当做商品来保持以来,求金欲就产生了。于是,天下熙熙,好多人为金钱来,天下攘攘,好多人为金钱往。

汉桓帝昏庸荒淫,在位22年,不以社稷为念,任凭外戚、宦官专擅肆虐,致使国家走向衰败。公元168年,12岁的解渎亭侯刘弘继位,是为汉灵帝。窦太后临朝，窦武以大将军之职执掌朝政。

汉灵帝出身于亭侯之家，对金钱产生了一种特殊的嗜好，是历史上少见的贪财好货之君。他的母亲窦太后也是出名的财迷，她让汉灵帝派出大批宦官到各地去搜刮金银财宝，直接用车给她运回宫中。她还给灵帝出了一个主意：公开标价卖官。

汉灵帝在宦官曹节和王甫的支持下，把政事交给宦官，自己则一门心思去敛财，以朝廷的名义，公开卖官鬻爵。他按照官职，明码标出官价：年俸600石的官职售价600万钱，2000石的官职售价2000万钱。公卿爵位也在拍卖之列，公一千万，卿五百万。地方官一般比朝官贵一倍；各地肥瘦不等，又定有"地区差价"。如果是肥缺或者重要职位，还得另外加钱。曹操的父亲曹嵩家产豪富，买太尉一官花一亿钱，比官价贵出10倍。崔烈买司徒一官花500万钱。有钱的当场一手交现款，无钱的一手交官印，可赊官，到任后限期"连本带息"加倍偿还。

皇帝身边的宦官也得到好处。各地想要升官的官员，首先打点宦官一笔"导行费"，才有机会把宝物呈献给皇帝。

"汉贪金帛鬻公卿，财赡赢军冀国宁。"大量缺德少才的人通过此种方式获取官位。汉灵帝觉得周围讨好他的人多了，听话的人多了，甚为得意。买官的人也不甘心吃亏，到任之后，狠狠搜刮老百姓，翻倍的钱财滚滚来。

真正品德高尚的人，怎么会来买官呢？新任鹿郡太守司马直，因清廉有名，特别减价300万。接到诏书后，司马直愤然说："当官是为民做主，现在反而要盘剥百姓以满足上司私欲，于心何忍？"他再三托病请求免官，不准。上任途中写了一篇批评时政的奏章，然后服毒，以身取义。

汉灵帝流连于聚敛财富，迷恋于香艳女色，忘却了帝王职责和尊严。宦官弄权朝廷，掠夺百姓，文武大臣也多为非作歹。这种吏治不可避免地导致社会的腐朽衰败。全国一片奢华浮靡之风。当时流传的民谣描述："举秀才，不知书；举孝廉，父别居。寒素清白浊如泥，高第良将怯如鸡。"国家到了这种地步，便名存实亡了。席卷全国的黄巾大起义终于爆发了。

公然标价卖官，肆意搜刮金银，到处为非作歹，其犯罪的代价、腐败的成本远远低于巧取豪夺、敲诈勒索之所得，唯一的依赖就是手中有特权，不受制约，社会法制不健全。其结果导致"钱多好买官，做官只为钱"——有甚于硕鼠消耗人民的血汗——肆无忌惮地搜刮、盘剥，不仅"挽回损失"，而且攫取更多财富，全方位败坏吏治。正如有识之士所言，吏治的腐败是最大的腐败，一旦金钱介入甚至完全腐蚀了官场人员，那么整个国家的败落就为期不远了！

英国有一则寓言。从前有个特别爱财的国王，向神请教点金术，能否伸手摸到的，都变成金子。神说好吧。第二天，国王刚一起床，他伸手摸到的衣服变成金子，高兴得不得了。他吃早餐，伸手摸到的牛奶、面包变成金子，结果吃不成早餐，觉得有点儿不舒服了。当他走进花园时，抚摸一下玫瑰，也变成金子。到了晚上，小女儿伸出双臂来拥抱他，结果女儿变成了一尊金像……这时国王大哭了起来，再也不想要这个点金术了。

中国几千年的官场文化，核心理念就是"升官发财"。升官为的是发财，升官可以发财。"千里来做官，为的是吃穿"、"三年清知府，十万雪花银"等，无不诠释这一理念；而且早在为当官做准备的读书阶段，就向学子们描画了这一诱人美景："书中自有黄金屋，书中自有颜如玉……"封建官场文化的胎毒和烙印，在短时间内挥之不去。

腐败总是同拜金主义相伴生的。拜金主义者为赚钱而不择手段，甚至敢铤而走险。19世纪空想社会主义者傅立叶，曾对这种道德观念做了揭露："医生希望自己的同胞患寒热病，律师则希望每个家庭都发生诉讼；建筑师要求发生大火使城市的四分之一化为灰烬，安玻璃的工人希望下一场大冰雹打碎所有的玻璃窗……"（《傅立叶选集》第3卷，第58页）

社会是纷繁复杂的。拜金主义、享乐主义、极端个人主义的思潮，封建颓废的"升官发财,封妻荫子,光宗耀祖"、"人为财死,鸟为食亡"的灰色思想,随时随地在影响人、腐蚀人、诱惑人。一个人一旦被物质诱惑所俘虏,那就如决堤之海,终将被欲望吞没。

一位犯罪人员写道:长期不参加政治学习,长期听不到批评意见,总以为自己的一切都那么正确、完美,头脑开始发昏了,忘乎所以了,丧失了应有的政治敏感和警惕性,慢慢头脑里的是非标准就发生了偏差,忘记了手中的权力是谁给的,脱离了党和人民的监督。以至于后来对下属送的钱从反感到心安理得,从退回到主动索要,并在干部提职、职工调动、资金划拨、石油调配时大肆收受贿赂,终于蜕变成了罪犯。

权力具有两重性,可以使人建功立业,领略风光,也可以使人身败名裂,尽尝苦酒。权力迎合贪欲,权力被熏染上了铜臭,就会异化和失控,就容易滋长跑官要官、官官相护、拉帮结派的风气。对上阿谀奉承,对下弄权耍横,对百姓冷漠薄情,违背了"权为民所用",就可能用权力的"双刃剑"砍倒自己。

市场经济条件下,党员干部应当树立和坚持正确的金钱观。由于受中国几千年的封建主义残余影响,由于市场经济具有趋利性,由于对外开放过程中西方资本主义腐朽思想观念不可避免地侵入我国、侵蚀我们的干部队伍,加之外来文化的影响,使人们的思想、价值观呈现多元化,导致拜金主义、享乐主义等消极腐败现象的滋长和蔓延。

金钱、权力、美色都有其两重性,有利有弊。若不能正确对待它,陷入盲目性,缺乏自觉性,就可能走向反面。

金钱只是固定充当一般等价物的特殊商品。它一产生就成为人们须臾不可离开的东西。金钱这个东西不是万能的。列宁曾风趣地说,到了共产主义社会,商品生产不存在了,"那时也许我们会用黄金修建公共厕所哩"!

发财与做官是人们所希望得到的,但是,绝不能不择手段地去追求金钱和地位而心安理得。"君子爱财,取之有道。"这里所讲的"道",即合情、合理、合法。

培根说过:"财富应当用正当的手段去谋求,应当慎重地使用,应当慷慨地用以济世,而到临死应当无留恋地与之分手。当然也不必对财富故作蔑视。"这可以说是怎样对待金钱的箴言。我们党员干部面对汹涌而来的拜金主义浪潮,应以德为先,取之有道。"天地之间,物各有主。苟非吾之所有,虽一毫而莫取。"

要有"淡泊心",绝不能媚俗、从俗,绝不能为谋取个人私利而损害国家、集体和他人的利益。应当坚持在利益调整面前,不攀不比眼不红;在钱色利诱面前,不惑不迷心不动。

莫将金枷套颈,休让玉锁缠身。领导干部一旦贪婪、追逐金钱,就容易迷失用权的正确导向,在权力面前把持不住自己,变"为民谋利"为"与民争利",甚至坑民、损民,把现实的享乐当做人生最大的追求。金钱既是他们生活的目的也是他们聚敛的手段。于是,一边是个人财富的积聚,一边是社会矛盾的积聚。

《镜鉴——国有企业廉洁从业教育读本》载,程明洁曾任某钢铁公司董事长、总经理等职务。1994年春节前夕,有个职工来程明洁家拜年,提了一条鳜鱼放在程明洁家的厨房里。第二天程明洁在剖鱼时发现,里面有用塑料纸包好的500元钱。程明洁当时取出后,叫老伴拿去交给了厂党委书记。但到后来,逢年过节送钱的人开始多起来,说给你买点烟酒糖果送来刺眼,要他把钱留下。程明洁这个口一松,就使他坚持不收钱的思想防线出现了溃口,而这个溃口的影响是灾难性的。由开始的几百元上升到几千元、几万元,甚至是几十万元。他说,我自己也觉得是违纪违法的,为此时常心感不安,但又没有被发现,钱是别人硬要送的,推也推不掉,我没有任何暗示,更没有索要的企图。再说送钱都是不公开的,自己不会暴露,组织上也不会知道。用这些理由来自我安慰,自我麻醉,以求得心理的安宁。

权力是一把"双刃剑",为公所用则两相其益,为私所用则两败俱伤。程明洁担任某公司"一把手"长达17年,前期是为企业作出一些贡献的,但随着时间的推移,党的民主集中制原则、企业"三重一大"

制度等在他面前变得形同虚设，或公然违反，或变通处理。当个体老板知道是程明洁说了算之后，就想方设法地拉拢腐蚀他。个体老板在"朋友感情、礼尚往来、知恩图报"等等貌似合理的借口下一步步将程明洁拉下水。程明洁最终堕落到为个体老板出谋划策、内外勾结、里应外合搞权钱交易的地步。至此，他作为国有企业主要负责人应有的人格尊严和道德底线已荡然无存，当程明洁将人民所赋予的权力为私所用的时候，就注定了自己人生的悲剧。

河南省鹤壁市原市长朱振江因受贿被判刑，在接受记者钱刚的采访时，就将这一点表现得淋漓尽致："他们给我钱，我替他们说话。"

不论是行使权力的错位，还是执行政策的错位，深层原因和思想根源，还是利益的驱使，私欲的驱使。个人利益使私欲膨胀，私欲膨胀又使行使权力和执行政策更加错位。这种权力和金钱的结合，权力和金钱的置换，导致腐败，甚至导致悲剧。

在贪官眼里，权要靠钱支撑，钱以权为靠山；权能变钱，钱能变权，即权钱交易、权色联姻。现在民众越来越多的埋怨和痛恨贪官的腐败。这些贪官凭借权力所掠夺的金钱，把自己变得人鬼难辨。

一名犯罪人员在忏悔书上写道："没钱的时候，总想有钱，可一旦有了钱，也就添上了心病。从贪污公款以后，我的心一直就没平静过，我就像一只惊弓之鸟，一天到晚总觉得紧张和不安。我见不得庄严的警徽，听不得尖利的警笛，就连电话铃一响都感到紧张不已。领导一找我谈点什么事，我的第一反应首先是，是不是我的事儿犯了？但心存的侥幸心理，还是堵死了我的退路，使我在犯罪的深渊里越陷越深……"

"在看守所里等待判决的日子是难熬的。在冰冷的牢房中，我与一些大镣加身的死刑犯关押在一起。几乎每隔一段时间，我们中就有被拉出去再也回不来的，我知道，那是执行死刑了。我也知道自己贪污近百万，下场比他们肯定也好不到哪里去。我就是这样天天在悔恨和恐惧中度日如年地煎熬着。直到这时，我才感觉到没有钱的日子尽管不风光，但自己却还是个堂堂正正的人，而不义之财只会使人最终变得像我这样人不人鬼不鬼的。"

江苏省建设厅原厅长徐其耀，受贿近400万元，为不让办案人员找到罪证，将家中的钱财一部分转移到在北京的妻妹处，一部分现金和存折转移到妻子在徐州的老家，有的经层层塑料纸包装后藏在树洞内、灰堆内、稻田里、屋顶的瓦下，有的甚至藏在粪坑里。都说金钱散发着"铜臭味"，徐其耀的所作所为对其做出了生动诠释。

现实中诱惑多多，应慎待诱惑，以不变应万变，切莫花了眼、昏了头。要做好人和"好官"，必须谨防金钱的诱惑。

新浪网有篇博文写道，一些人对金钱的迷醉，这本身就是一种贪婪。无止境地贪婪，会把人们引向歧路。在一些发达国家，有些很富裕的人，放弃富有的条件，去森林和旷野有水源的地方，搭起一间小木屋，一住就是几年。用他们的话说，在这里使自己过热的头脑冷静，感受到生命的可贵和做人的尊严，感受到与大自然贴近那种愉快。虽然过得很艰苦，身体却变得强壮，原有的不治之症也消失了。

"来吧，朋友，给你一片蓝天，放飞这世界的爱翼，把幸福给你！"——有着阳光般笑容的当代雷锋、鞍钢矿业公司齐大山铁矿公路管理员郭明义，20多年如一日，坚守着自己的精神家园，以人民至上为价值取向，把关爱他人、助人为乐当做最大幸福。他21年累计无偿献血6万多毫升，相当于自身血量的10倍，18年为"希望工程"、困难职工和灾区群众捐款12万多元，资助贫困学生200多名⋯⋯一颗无私奉献的爱心释放出的能量是多么巨大。如今，郭明义爱心团队已成为全国爱心行动的代名词，参加团队的队员都为能加入这个队伍而感到骄傲。

我们要在实践中努力践行社会主义核心价值体系，坚决抵制拜金主义、享乐主义、利己主义、自由主义等的影响，自觉接受组织监督、群众监督、社会监督，永葆共产党人的纯洁性。要做到见钱想党性，人民的利益高于一切，不违原则；见钱想廉政，出淤泥而不染，不坏形象；

见钱想后果，凶钱能把人带进高墙，沦陷深渊。要视"清白"、"清廉"为生命，在金钱面前表现出一种伟岸高尚的人格，一种无比宽广的情怀，铮铮铁骨，凛然正气。这样做，尽管淡泊、清苦些，但得到的是坦坦荡荡处世，清清白白做人，获得的是奋斗求索的醇美，为人师表的欣慰，凝聚民心的力量。

前车有鉴手莫伸

——当心诱惑

"诱惑"一词出自《淮南子》,"诱"为先导的意思,"惑"则是给人以假象之意。诱惑就是要诱导别人离开自己的思维方式与行为准则,步入歧途。

每个人都是血肉之躯,谁能没有七情六欲呢?有时感情激动,不能控制自己,可谓情不自禁也。正如南朝刘遵诗云:"岁月如有意,情来不自禁。"面对免费的午餐,面对无缘无故的恩惠,面对雍容的外表、妖娆的身姿,面对形形色色的诱惑,偶尔表露一点"好感",出现一时的"心动",有过一丝的犹豫,从人性的视角来看,它是人性本能和人性弱点之使然,这并不可怕。可怕的是,看到了诱人的香饵,总是想要,然后想要看到,看到后想要得到,神魂失所,却看不透背后隐藏着锋利的钓钩。

领导干部身处各种矛盾关系的中心、各种人情世故的交汇处、各种贿赂犯罪的指向点,如果稍有放松、懈怠,如果不当心、不识破、不慎待,就可能丧失意志,动摇立场,跨越准则,权为私用,君子可以变为小人,忠良可以变为奸臣,政绩突出的领导者可以变为败下阵来的罪人。

在诱惑面前,要保持清醒和警觉,特别是对那些提供"诱饵"的人,愈要多加小心,警惕"黄鼠狼给鸡拜年"的"诱惑",远离职务犯罪，避免滑向腐败深渊。

市场经济，使领导干部有了"权与钱"交易的机会或现实可能，从而面临危险的诱惑和严峻的考验。我们每一位领导者在企业、社会、家庭都有着多重角色，往往居于亲情、乡情、友情、同志情等诸多矛盾的中心，又面临着理智与愚昧、人情与原则、徇情枉法与遵守法度等多方面的考验。一些案件告诫我们，对形形色色的矛盾要处置有度，与歪门邪道要保持距离，在诱惑面前应当保持警觉，加强自我防范，自筑"防火墙"，自念"紧箍咒"，自设"高压线"，方能永葆廉洁，立于不败之地。

老子并不反对人们分享美好的生活，只是提醒人们要有个限度，不可无限制地任由自己的欲望膨胀，不要让自己的心思太复杂、负荷太沉重，要抑制各种诱惑，不受外物的诱惑以保持本性的淳朴，保持内心的清静。

晋代陆机《猛虎行》说得好："渴不饮盗泉水，热不息恶木阴。"讲的就是在诱惑面前要有一种清晰的理念，善于把握自己，堂堂正正做人，出污泥而不染。

当代社会高度的开放性、宽容性和生活多样性，既给了人们选择生活方式的自由，也带来了多种诱惑。诱惑分为有形与无形。金钱、美色属于有形诱惑，而吹喇叭、抬轿子则是无形诱惑。许多时候尽管我们自身"邪不压正"，但如果经常接触对你有诱惑的事情和人，或去了不该去的地方，觉得无所谓，就有可能出现"情不自禁"的劫难。

上海程伟案是一起比较典型的国有企业领导人员贪污、挪用公款案件。程伟贪污公款数额之巨大，犯罪手段之恶劣，加之他的硕士学位和低年龄犯罪，都值得我们引以为戒。

程伟在任浦东长城公司经理之前，一直在国家机关从事政策理论研究工作，应该说对国家的法律法规是比较熟知的，但是由于他没有将所学理论与社会实际有机融合，学而不用、浮于表面。当他以公司经理的身份进入证券市场，经常出入高档消费场所，接触很多有钱人时，很快就被物质和金钱所诱惑，人生观、价值观也随之发生扭曲和错位，开始挖空心思地利用手中职权为个人赚钱，把聪明才智用于侵吞国有资产，最终走向犯罪道路。

权力对于人的诱惑永远不能消失。一个人权力在握时，会多次遇到金钱、美色的诱惑，他人的恭敬、曲意逢迎和拥捧，会陷入那些以"吹"、"拍"、"抬"为能事之人的包围之中。当心诱惑，应当是我们的醒世箴言。

有些人为了得到不应该得到的东西，就会讨好于掌权者。如果说金钱、美色是对掌权者所下的诱饵的话，那么，吹喇叭、抬轿子则是为有虚荣心的领导开的"处方"。不管是谁，一旦当上了官，旋即成为一些人进攻的目标。正如余秋雨所言："诱惑是无底的崖谷，坠下去粉身碎骨。"不能正确把握自己的行为，就会变成诱惑的俘虏，坠入诱惑的陷阱，悲剧伴随而生，一失足成千古恨。

"亡国亡家为颜色，露桃犹自恨春风。"人世间，唯有钱财、美色、权位，最是"双刃剑"，最能迷惑人，最有腐蚀性！处理不好，最能使人变坏。有的人经不起权力的诱惑，低眉折腰事权贵，跑官、买官、卖官，成为权力的牺牲品；有的人财迷心窍，攫取不义之财，成为金钱的俘虏；有的人贪恋女色，沉湎于灯红酒绿之中，拜倒在石榴裙下。

"口贪香饵，终将为钓者所虏；翅缚重金，永不能自由高飞。"权钱交易—权色交易—更严重的权钱交易，形成恶性循环，在犯罪的泥潭中越陷越深。正如有的同志所说，诱惑犹如精神鸦片，吞噬人的心灵；诱惑是潘多拉的盒子，将圣人变成恶人，将君子变成小人，将清官变成酷吏。如此种种，不从思想上筑起一道牢固的抵御诱惑的大堤，就很难经受住各种诱惑的考验。

在北极圈里，爱斯基摩人利用北极熊嗜血如命的特性，把动物的血冻成冰，藏进一把匕首，扔在雪原上。北极熊闻到血冰块的气味，就会迅速赶到，贪婪地舔着血冰块，舌头渐渐麻痹，刀刃划破了它的舌头，鲜血涌出来，因失血过多，休克晕厥过去，轻易地落入爱斯基摩人的手心。

凡是好东西都想得到是不可能的，否则最终只能收获痛苦和懊悔。如果常想得到什么，很少想会失掉什么，经不住金钱、物质、美色的诱惑，尽管暂时占了便宜，得到了许多，到后来却失去更多，原有的名誉、地位、待遇也失去了。印度诗人泰戈尔说："顶不住眼前的诱惑，便失掉了未来的幸福。"

外界环境对于人的思想道德有很大的影响。诱惑的方式是多种多样的，金钱铺路者有之，色相诱惑者有之，它往往是以善良的面孔出现在人们的面前，有如童话里的"狼外婆"或化做美女的毒蛇，以花言巧语等种种手段使你进入圈套。面对花花绿绿的世界和形形色色的诱惑，思想和行为不能像脱缰的野马，贪婪无度。雨果说过："陷人的深渊有它诱惑人的地方，要当心它的礼貌。"

"但教方寸无诸恶，狼虎丛中也立身"（唐代冯道）。只要自己心中不存有任何邪恶不洁的念头，那么即使在最恶劣的环境中也能从容立身。

历史上，人们往往依据面对各种诱惑能否把握自己，来判断官吏是清官还是贪官。晋代陶侃曾当过宫鱼池的官，给母亲寄去一条鱼。其母把鱼封上，责备陶侃说："尔以官物遗我，不能益我，乃增忧耳。"（《晋书·陶侃传》）无论谁给陶侃送礼，陶侃都要问礼物的由来。如果是通过送礼者自己劳动所得，即使礼物轻微，陶侃也很高兴，会加倍给予赏赐和鼓励。如果物品是通过非正常途径得来的，陶侃便严加呵斥，并羞辱对方，归还其送来的礼物。

权力大到一定程度的时候，难免受到各种各样的诱惑，比如金钱、美色。钱财和美女最能迷惑人，最能使人变坏。沉迷于女色使人丧失优良的品德，迷恋于钱财使人失去正确的生活目标。

当这种诱惑达到一定程度时，如果没有强有力的制度约束，就有可能使一个好人走向反面。他们第一次走向偏差之后，就慢慢地麻木、习惯这种腐败方式，走向更深的犯罪。

有的人看到诱人的香饵，却看不透背后隐藏着锋利的钓钩，于是企图满足某种欲望，产生非理性的自信而铤而走险，兼得鱼和熊掌。

纵观古今，有许多人拜倒在石榴裙下，并因此演绎出不是美丽的故事，而是悲惨的结局。

一些居心不良的人，挖空心思与领导干部套近乎，把掌有实权的干部当做"资源"来经营，把表现优秀的年轻干部当做"潜力股"来投资。一些党员干部开始也想"两袖清风"，廉洁公正，为民办事，但面对社会纷繁复杂的环境，面对自己并不富裕的生活，逐渐放松了要求，随着行贿人三番五次的美意，盛情款款的馈赠，也逐渐被拉下水。一些党员干部交友不慎，出入于低俗场所，沉湎于灯红酒绿，迷恋于声色犬马，热衷于打牌赌博，使自己的人格黯淡无光，一步步酿成终身恨事。

有杂志对 86 名违法犯罪的原领导干部反省材料进行分析——这些犯罪分子中，认为自己犯罪源于私欲膨胀的，占到 100%。某省公安厅原厅长，因受贿罪被判处有期徒刑 20 年。他写道：一些大款巨富的生活方式以及流行于社会上的声色犬马之类低级庸俗生活方式，对自己也有极大的诱惑力，多年来养成的俭朴、节制美德被纵欲所吞没。本想找机会捞一把，想不到捞了一副手铐，成为罪人。

对在形形色色的诱惑，包括虚情假意的恭维话、言不由衷的违心话、令人肉麻的阿谀奉承话，要特别当心和警觉，善于透过现象认清本质，区别真善美与假恶丑，防止上当受骗。

面对金钱的诱惑而利令智昏，让金钱牵着鼻子走，面对权力的诱惑而官瘾难耐，不择手段向上爬，面对美色的诱惑而心乱神迷，一味放纵自己，就必定一步步走入诱惑的陷阱，不能自拔，走向沉沦，在不知不觉中堕落进地狱之门。

《天方夜谭》里有一则故事，说渔夫从水中捞起一个瓶子，开启后，恶魔从里面冒出来，威胁要杀他，渔夫费尽心机，才将其弄回瓶中。从某种角度上讲，人们灵魂深处也有一个装"魔鬼"的瓶子。

贪婪、权欲、忌妒心一旦跑出来，轻则伤人害己，重则祸国殃民。一些犯罪人员由疯狂到毁灭的人生轨迹，其教训就是惨痛的。因此，要时时管住自己，经得起任何诱惑，对心中的"魔瓶"要拧紧瓶盖，贴好封条。

切莫让诱惑撩得你神魂颠倒,切莫让诱惑引你向人生岔道,绝不让诱惑践踏精神家园。权位高高耸山岳——唯有淡泊才能防止权位的诱惑;爱河饮尽犹饥渴——唯有理智才能抵御粉黛的诱惑;颂歌盈耳神仙乐——唯有清醒才能战胜推戴的诱惑。正如美国哲人爱默生所言:"从抗拒诱惑之中,我们获得力量!"

顶住诱惑,须防微杜渐。没有"小",就不会有"大",大错误都是由小错误开始。小错误犹如癌细胞,在灵魂深处潜伏下来,埋下祸根,如不及早对症医治,就会渐渐危及全身。

有了第一次的吃喝,就有了第二次的馈赠,就有了第三次对别人的相帮,就有了第四次收受别人的礼品、礼金,这就是一个单一的犯罪细胞的简单的生成过程,它会让人在不知不觉当中坠入罪恶深渊。

西方社会心理学家有"门槛效应"理论,揭示了事物发展变化的一般规律——从量变到质变,也揭示了人类心理防线及人类欲望的变化过程:一个人如果接受别人一个较小的要求,往往非常容易接受更大的要求;反之,若拒绝第一个要求,也往往会拒绝第二个要求。若将"门槛效应"用于眼下有的官员及妻子贪腐,有了第一次,哪怕有再充分的理由,那第二次、第三次也不可逾越。

可见,抵制和战胜诱惑,须从身边小事做起。"勿轻小事,小隙沉舟;勿轻小物,小虫毒身。"严格约束自己的思想和行为,抛弃心中的奢欲和贪念,及时防止和纠正小的过失,不让小错误在自己身上种下祸根,并能注意接受别人的提示和批评。

"道德当身,故不以物惑。"目前分配不公的现象确实存在,党政机关干部的收入远不如大款、老板,但绝不能因此心理失衡。如果认为自己含辛茹苦奋斗多年,贡献大而回报小,整天想着自己如何暴富,就很容易利用手中的权力去搞以权谋私、权钱交易。

老子说:"祸莫大于不知足,咎莫大于欲得。"私心膨胀,"不知足"、"不晓止",是注定身败名裂的"恶性肿瘤"基因。"贪欲者,万恶之本；寡欲者，众善之基。"

由于在权力、金钱、美色面前打了败仗而面对高墙铁窗的反面典型，之所以痛苦，是因为自己贪婪，想得到更多的东西，"终朝只恨聚无多"，会不择手段，像脱缰野马狂奔乱闯，也许他得到了喜欢的东西，却把自己奋斗了半生所得全都毁掉了，付出的代价是无法弥补的。喜欢一样东西不一定要得到它。一旦你得到了它，日子一久你可能会发现其实它并不如原本想象中的那么好。

财富、名位、拥戴都有程度不同的诱惑。财、色是为官之大忌，这两个雷区踏进哪一个都得断送前程。即便保得了一时保不了永久。有个领导宝座一座稳，就大胆地放纵起来，女人一多，钱就不够花，就收起贿赂来，他因贪色而毁了前程，自己万分悔恨。

贪婪也可能让人暂时富有，但代价是心灵负疚；虽然贪婪也可能让人潇洒享受，但结局是悔泪长流。

重庆市司法局原局长文强，从昔日打黑英雄，沦为重庆最大的黑恶势力"保护伞"，就是一个因纵欲而落马的典型。《落马高官和他们的亲人》一文，记载了文强被执行死刑前与儿子见最后一面的情景：在与亲人抱头痛哭之后，文强再一次把儿子紧紧地抱在怀里持续了 10 秒钟，说："不要恨社会，只因自己不清廉，才有我今天。"便用力推开了儿子……几个小时后，文强化作了儿子怀里的一盒骨灰。

少数官员为什么过不了权力关、金钱关、美色关，当了欲望的俘虏？根源首先缘于其不能"自制"，不能清心寡欲，在灯红酒绿的诱惑面前滋生了享乐心理、攀比心理、失衡心理，进而放纵内心的贪欲，恣意膨胀，大肆进行权力寻租，走上自我沉沦之路……

党员领导干部对钱财都应当有个正确看法：体现人生最高价值的绝不是金钱和财富，而是人的品位和为社会所做的贡献。因此，一定要淡泊名利。人在死的时候，有谁能把金钱、权力带进坟墓呢？但金钱、权力却可以把人带进坟墓。面对诱惑，我们要理智地放弃，守住心中的那一片蓝天，不要让诱惑冲破心灵的道德底线。

为官不贪，身有正气，是精神上的宝，比物质的宝更为珍贵，更应珍惜。英国赖德·哈格德说："男人们只有不为诱惑所动心，才算男子汉大丈夫。"

淡泊，是人生历练的结局。淡泊使内心世界宁静、清醒，保持理性，使人明智，不计个人得失。白居易云："枕上愁烦多发病，床上欢笑胜寻医。"

道德滑坡、官德缺失往往都是从管不住自己的欲望开始的。如今掌权的岗位与古代大不相同，但封建官场文化的胎毒和烙印，在较长时间里还挥之不去。领导干部面对形形色色的诱惑，不能心猿意马，方寸大乱。要坚持做人的底线，时刻坚持把心管住，多看前车之鉴，多思警示之言，耐得诱惑，不贪不占，立身纯正，守拙自乐，"临之以患难而能不变，邀之以宠利而能不回"，"任你红尘滚滚，我自清风明月"，筑牢思想"堤坝"，坚持党性原则，淡泊名利，追求崇高，保持纯洁。

我们应按照共产党人应有的道德规范要求自己，经受公与私、是与非、荣与辱的考验，树立高尚的道德情操，固本强身，当如泰山九鼎，任凭江翻海倒亦砥柱屹然，任凭阴风四起亦皓月朗然，善自操守，防微杜渐，不因权重而失重，面对诱惑正气凛然，不因金钱而驻足，不因美色而沉沦，不因名利而浮躁，不滥用手中权力，不丧失道德底线，不迷失人生方向，"心不动于微利之诱，目不眩于五色之惑"，守住共产党人精神家园，升华人生境界，永葆公仆本色。

奢侈享乐败也忽

——崇俭抑奢

历览前贤国与家，成由节俭败由奢。崇尚节俭朴素，力戒奢侈享乐，是中华民族的传统美德，也是中国共产党人一贯倡导的官德规范，是不可或缺的。

节俭是大德而并非小节，是大智慧而并非小聪明。节俭并非是节省几个钱、几件物品，更重要的是保持一种美德、一种操守、一种精神。节俭是善行中的大德，奢侈是邪恶中的大敌。

宋代罗大经对"崇俭"有深入细微的研究。他在《鹤林玉露》中认为所有的人，不论高低贵贱都能从俭中获益：养德，养寿，养神，养气。他说："余尝谓节俭之益非止一端，大凡贪淫之过，未有不生于奢侈者。俭则不贪不淫，是可以养德也。人之受用，自有剂量，省啬淡泊，有久长之理，是可以养寿也。醉醲饱鲜，昏人神志，若疏食菜，则肠胃清虚，无滓无秽，是可以养神也。奢则妄取苟求，志气卑辱，一从俭约则于人无求，于己无愧，是可以养气也。"

领导干部的行为往往是社会的风向标，领导干部奢侈消费对社会风尚起着导向作用，会诱使一些人为了奢侈消费而不择手段，进而危及社会文明进步。近些年，有些领导干部因为精神颓废，沉溺于歌舞升平之中，甚至以挥金如土、骄奢淫逸为荣，奢侈享乐，导致腐化堕落、贪污受贿，受到党纪政纪的追究。

历史上，有不少君王就是因为一味奢侈享乐而走下坡路，甚至短命早夭。司马光认为：唐明皇不幸的晚年是因奢侈而招致的，"明皇恃其承平，不思后患，殚耳目之玩，穷声伎之巧，自谓帝王富贵皆不我如，欲使前莫能及，后无以逾，非徒娱己，亦以夸人。岂知大盗在旁，已有窥窬之心，卒致銮舆播越，生民涂炭。乃知人君崇华靡以示人，适足为大盗之招也"。

有一次，宋真宗忽然驾临宰相府，看到庭院狭小，正房、厢房卑陋，环顾随从说："堂堂大宰相，岂能住这种残破之房，朕回宫后即下旨兴建。"王旦一再推辞，始终住旧房。他每遇皇上派人送来赏赐的物品，总是叹气说："民生膏血，我哪里受用得了这么多。"

在王旦晚年的时候，有人问他："你为什么不置田宅家产？为什么不留给你的儿孙？"王旦说："儿孙当要自立自强，如果父母留下这些田宅财产给他们，无非就是要让他们造成不义之争而已。"

明代宋濂说得好："非俭无以养廉，非廉无以养德。"意为只有俭朴才能保持廉洁，只有廉洁的人才能具有高尚的道德。我们要牢记"奢靡之始，危亡之渐"的古训，反对奢侈浪费之风，以两袖清风养一身正气。

林则徐（公元 1785～1850 年），字少穆，福建侯官（今福州）人，近代政治家、民族英雄。林则徐十分注重操守，以本分自立、清白处世、诚实待人、急公好义为生活信条。他身为一品大员，但自奉甚薄，所到之处，严禁铺张。从他的奏折、公牍到家书、日记，处处表现出高尚的品格和节俭的作风。在致李铭经的信札中，他阐发为官之道："凡官都是难做的。彼以做官为可安乐恣意纵欲行险侥幸者，十有九败。"

曾国藩于道德实践中总结出经验之谈。他指出："惟俭可以养廉，惟勤可以生明。此二语者是做好官的秘诀，即是做好人的命脉。"

吏治的腐败是最严重的腐败。腐败会使为政者丧失民心。整个官僚队伍的腐败堕落是要导致亡国的。

奢侈享乐既是消极颓废的表现，也是腐败现象产生和蔓延的温床。

奢侈享乐是多发病灶，能滋生多种"疾病"。陷入奢侈享乐之泥潭，最终会革掉自己的命，是在败家、败国。

历史上的事常常有惊人的相似。夏朝末年的妹喜、商朝末年的妲己和西周末年的褒姒（被许多人称为中国历史上三个亡国妖女），都不爱笑（有严重的忧郁症）。博得妹喜的每一个笑容，都是夏桀的最大乐事。

夏桀派人在全国采选美女，纳入宫中。下属们投其所好，常常送些美女来，夏桀总会封官许愿。他每天陪着妃子妹喜尽情享乐，百般宠爱，奢侈无度。他为心爱的女人建一座最有气派的宫殿。

妹喜有一个奇怪的癖好：爱听撕裂绢帛的声音。夏桀为此下令宫人搬来织造精美的绢子，在她面前一批一批撕开，令她再度嫣然一笑。

官德水平低下乃至腐败的主要特点，就是利用职权挥霍公家的钱财，吃喝之风愈演愈烈，那么多的钱都给吃掉了；把贪污、受贿来的不义之财大肆挥霍。这些问题，从其道德根源来说，既有封建的等级特权道德观念的影响，也有个人主义、享乐主义、拜金主义等腐朽落后思想观念的侵蚀。挥金如土，奢侈享乐，贪财好色，要么为正义所讨，要么为同伙所嫉，要么在权势之争中遭诛，终究要自食恶果的。

螳螂捕蝉遭黄雀，黄雀身后挟弹人。石崇，西晋开国功臣石苞之子，曾任散骑常侍、荆州刺史等职，称霸一方。石崇的生活不仅奢侈而且淫逸，贪得无厌，最后因美女而致祸。司马衷只知吃喝玩乐，形同傀儡。陈叔宝日夜淫侈，最后自投枯井。陈友谅、张士诚追求奢侈生活，是被朱元璋打败的重要原因。

奢侈享乐与节俭朴素格格不入，而且大多是与政治上的腐败腐朽交织在一起的。为政者一旦纵情奢侈享乐，乃是人格的倒退，意志的消弭，精神的畸变，就会疏于政事。贪欲不止与奢侈享乐导致了对金钱的狂热追求和世风的沦丧，倘若"刹不住车"，还会导致国家的衰亡。

"尚俭"不仅仅是消费观念问题，而是一种高尚的品德。节俭使人养冰操，而冰操亦可养节俭，两者相辅相成。荀子认为，俭就是用人的理智、理性来节制人的过分的感官欲望，节制人对物质消费过分追求。《左传》认为："俭，德之其也；侈，恶之大也。"提倡一粥一饭，当思来之不易；半丝半缕，衡念物力维艰。

俭朴是为官之道，是统治的艺术。俭成奢败是历代政权兴衰的一条历史规律。商初大臣伊尹曾对刚继位的太甲提出建议："慎乃俭德，惟怀永图。"只有节俭，示天下以节俭，才能号令百官，和谐四方，维持王业。司马光将崇俭戒奢视为治国之道。

王永庆是台湾工业界的领袖，世界闻名的富豪。然而，他做人不张扬，生活很节俭。他常在公司里吃盒饭，边吃边听汇报，招待客人也常是便饭。一次，有4名部门主管因公请3位客人吃饭花掉了2万元新台币。王永庆对他们课以重罚。

节俭会营造整个社会良好的道德风尚，使社会保持稳定且具有凝聚力，有利于国家的长治久安。提倡节俭，防止奢侈，是提升领导力的重要条件。

毛泽东、周恩来等老一辈革命家过的平民化生活，被传为佳话。当年延安窑洞里的粗茶淡饭，与重庆的美味佳肴形成鲜明的反差，使见过大世面的爱国人士陈嘉庚感慨万千，得出"中国的希望在延安"的结论。

朱德一生"朴素浑如田舍翁"。他长期担任革命军队的总司令，始终保持艰苦朴素的"三节俭"——"生活节俭，从不特殊，穿衣节俭，一套军装可穿数年，袜子补了再补，要求身边工作人员及家人也必须保持节俭，不得搞任何特殊"。人们都称他为军中节俭的表率。

当上了领导干部，工资、待遇已很不错了，生活水平已经过得去了，不应该再有"马无夜草不肥"的非分之望了。从许多大案要案来看，哪一个是因为养家糊口而走上贪污受贿的深渊呢？他们只是为了追求享受骄奢淫逸、腐朽糜烂的生活情趣。

我们应坚守和光大中华民族崇俭戒奢的传统，克服崇尚奢华、追求安逸的不良风气，不要以为自己有权，身价就要高，待遇就要好，更不要追求生活方式的贵族化、庸俗化，保持思想道德上的纯洁性，不断增强自身的免疫力。

成由勤俭败由奢，此乃千古以来的刻骨铭心之铁则，宜为朝夕省察之资也。如何度过宝贵的人生？重要的不是过得如何舒适，活得如何享受，而是要活得有品位，充分体现其生命的价值。"灯红酒绿"、生活奢靡、"糖衣炮弹"对领导干部具有很大的侵蚀性，如不引起重视，就有改变党的先锋队性质、走向自我毁灭的危险。因此，应遏制个人主义、享乐主义、奢侈之风、铺张之风、挥霍之风的侵蚀，莫把腐朽当神奇，真正做到有权不忘责任重，位尊不移公仆心。

唯有真情似春色

——择善交友

人来到世间，就成为社会成员，与别人发生交往，不可能像鲁滨逊那样一个人生活在孤岛。

古往今来，许多人都把广交朋友、珍惜纯真的友情视为身心修养的重要环节。清代史震林《西清散记》中说："一个人一生可惜的事——幼无名师，长无良友，壮无善事，老无令名。"结交真正的朋友，就等于拥有了精神财富，那是一种语言无法表达的崇高境界。

憾无录像留真影，徒对信笺感逝波。南北春草年年绿，唯有真情似春色。朋友的友情蕴涵着温柔，温柔也是友情的品格。这种温柔，犹如春风拂面，杨柳婀娜多姿，细雨点花红。

每当重要节日来临时，许多人都思念朋友，互相发短信祝福，带来温柔和愉悦："愿花儿开满你生活的旅途，愿阳光洒满你前进的道路，愿我最真诚的祝福带给你无尽喜悦……""铃声、歌声、信息声，声声祝福；喜事、乐事、开心事，事事顺心……"

有一位老领导德高望重，博学多才，与一位下属多次交流文史知识，结下真诚友谊。他还写一首回赠诗：

故人赠我诵歌行，一曲清音鼓瑟声。
晦涩方思得趣味，平白暗喻更真诚。
只因典故逾羞赧，幸有华章带好风。
知己亦足情不尽，感君同乐在诗中。

英国哲学家培根说："缺乏真正的朋友，乃是最纯粹最可怜的孤独；没有友谊，则斯世不过是一片荒野。"古希腊哲学家西塞罗如是说："……没有友谊，世界仿佛失去了太阳。"人的一生交不到一两个志同道合、情投意合、不谋而合的朋友，岂不可惜。

友情从来都是超世俗的。君子之间的友谊平淡而清纯，不互相吹捧，心心相印。小人之间的交往，充满了像甜酒一样浓烈的表面热情。余秋雨《友情》一文说："我们自身的雕塑，也要用力凿掉那些异己的、却以朋友名义贴附着的杂质。不凿掉，就没有一个像模像样的自己。"交友需用真诚去播种，用热情去灌溉，用原则去培养，用谅解去护理。

增强官德修养，必须慎重交友。领导干部交什么样的朋友，是一个不能忽视、不能不慎重的问题。交上一个好朋友，就等于多了一面镜子，多了一个参谋。交上一个坏朋友，就等于雪入墨池，虽融为水，其色愈污。孔子说过："与善人居，如入芝兰之室，久而不闻其香，即与之化矣。与不善人居，如入鲍鱼之肆，久而不闻其臭，亦与之化矣。"

王充在《论衡·程材篇》中说："蓬生麻间，不扶自直；白纱入缁，不染自黑。"意思是说，交友对一个人的影响非常之大。经常跟好的朋友在一起，就能够养成好习气；经常跟坏的朋友在一起，就容易沾上坏习气。诸葛亮有一句名言："势力之交，难以经远。士之相知，温而不华，寒不改弃，贯四时而不衰，历坦险而益固。"曾国藩如是说："一生之成败，皆关乎朋友之贤否，不可不慎也。"这些都是劝诫交友的金石箴言，应当永远记取。

党员领导干部往往手中掌握一定权力，交友与普通人不同，不再是单纯的志趣问题，不再是"八小时之外自己的事"，而是必须慎重对待的重要问题，因而切莫交无德之人、无义之人、无耻之人。胡锦涛曾郑重提醒各级领导干部，要慎重对待朋友交往，坚持择善而交。

"真朋友"为义而来，"假朋友"为利而来。"真朋友"发现你有了过失真诚提醒你，"假朋友"却对你甜言蜜语。"真朋友"常想和你交流，"假朋友"总想和你交易。"真朋友"不想麻烦你，"假朋友"总想方设法请你为他谋私益。所以，要慎重交友、择善交友。

我们不赞成唯私利交友的原则，唯愿以不图私利而交友。要以"德"为要，以"信"为基，格外珍惜难得的友谊，始终保持纯洁的交往，坚持"君子之交淡如水"，而不能只讲关系不讲原则、只讲义气不讲是非，更不能把朋友之间的感情异化为金钱利益关系。

习近平指出："领导干部掌握一定的权力，在社会交往中稍不注意，很容易迷失方向，就会权为他所用乃至丧失官德。特别是在市场经济条件下的人际交往非常复杂。一些居心叵测的人挖空心思、绞尽脑汁想与领导干部套近乎、交'朋友'，吹吹拍拍，灌迷魂汤，这次赠礼品，下次送红包，让你不知不觉陷入圈套。其实，这种人交朋友是假，想利用领导干部手中的权力乖乖为他效劳、为他谋取私利是真。领导干部如果放松警惕，交上这样的'朋友'，悲剧的发生就在所难免。"（《求是》杂志 2004 年第 19 期）

有的领导干部交友过多，胡乱交友，交一些吃吃喝喝的"酒肉朋友"、投其所好的"马屁朋友"、歃盟结义的"江湖朋友"，有时候会遇到麻烦，带来烦恼，感到心累，影响生活的质量，降低做人的品位，甚至会授人以柄，滑入违法犯罪的深渊。

一位犯罪人员在忏悔书上写道："年轻干部最难过的关口是交友关，交朋友一定要慎重。有的人和自己交朋友，看中的是自己坐的那把椅子，看中的是自己手中的权力。他们利用一切机会给你送钱。你经受不住金钱、人情的考验，手里的权力就要用偏，不是为人民了，而是为人情了，就会向违纪违法迈出第一步、第二步……"

"小兄弟"现象的主要特征,就是以"感情"为掩护,千方百计接近你,挖空心思讨好你,追逐私利,互相利用。上海社保资金案,除陈良宇外,涉案的局级干部10余人。陈良宇碍于名声,凡不宜自己出面的事,"小兄弟"们替他"摆平"。陈良宇对这些"小兄弟"的"要求"予以"关照",作为回报。一位曾接触过陈良宇的民营企业家在接受记者采访谈及陈良宇时称:"这个人'小兄弟'味道蛮浓的。"

河南省人大常委会办公厅原副主任李国富因受贿罪被判刑,他在忏悔书中写道:"建立在权钱交易基础上的'友'越多,对社会的危害越大,连自己都保不住。我正是没有看到'友'背后那只阴险的手,扼死我的就是这只手"。

交友不慎,是非不分,滥交"朋友",是一些领导干部走向腐败的助推器。领导干部手中有一定的权力,交友不仅是个人行为,更是一个导向,与谁交往,反映出政治品质和道德底线。

我们一定要牢记"天下没有免费的午餐"这句格言,把握好尺度,坚守住底线。一些领导干部结交的所谓"朋友"、"小兄弟",绝对不是真朋友,不是亲兄弟,多是一些心术不正、趋炎附势的小人,是一些"利则相攘、患则相倾"的"贼友"。他们看重的是你手中有实权,处心积虑拉拢你,目的或终极目标只有一个,利用你手中权力为自己谋好处。

文强落马后,在检讨书里说,所交的朋友几乎都是损友,不是益友,"老板设套,糊涂钻;朋友设套,主动钻;部下设套,放心钻;女人设套,乐意钻",结果被这些所谓"朋友"毁了。

君不见,"以势交者,势倾则绝;以利交者,利穷则散"。你手中的权力一旦没有了,一旦这关系链发生变故了,"哥们儿"、"小兄弟"就不再跟你"铁"了,纷纷倒戈。

这一点,一些领导人员也心知肚明,但由于受到庸俗的"感情"、陈腐的"哥们儿义气"之麻醉,对这类人缺少警惕,由于受到利益的驱使和贪欲的支配,什么纪律约束,什么党性观念,统统都可以抛开不顾，讲利用不讲政治，讲义气不讲正气，讲个人私情不讲党性原则，对"哥们儿"、"小兄弟"什么话都敢说，什么饭都敢吃，什么礼都敢收，什么地方都敢去，最后被人牵着鼻子走，搞起可耻的权钱交易，损害国家利益，败坏社会风气，直至"栽"在他们手上，走进高墙铁窗。

由此观之，小人的"友谊"没有什么真感情，有用则交，没用不交，甜蜜而多变。与趋向权势之人交朋友，他为的是私利，你的权势没有了，交情也就不存在了，"朋友"也就散伙了。这种"友情"是虚伪的，没有真情可言，怎么能愉悦身心、地久天长呢？

一位教授认为，烙有浓厚"江湖"色彩的所谓"兄弟"交往，已远远超越融洽感情的范畴，不仅导致角色错位，模糊了正常的身份属性，混淆了应有的关系定位，更可怕的是，为日后领导干部的"出轨"、"出事"埋下了隐患。

贵阳市原市长助理樊中黔忏悔道："我是被这些房地产开发商用金钱做成的轿子抬进了地狱。他们哪是朋友、哥们儿，全都是要我给他们推磨的小鬼。平时他们是屁颠屁颠地围着我转，送的不是金钱，而是纸钱（即冥币）。"

兴趣爱好是人的心理特征之一，是健康人生的一部分，而且在一定程度上也体现出一个人的品德修养。积极有度的兴趣爱好，是生活的"润滑剂"，是工作的"减压阀"，对工作起到促进的作用。对有些兴趣爱好必须约束，做到有节有度，好而不贪，否则，过度沉迷兴趣爱好，则容易"玩物丧志"，甚至会成为别有用心之人公关的突破口。如果不加节制，爱好就成为被人利用、"攻击"的软肋和命门，最终必将酿成祸端，东窗事发。

古人把不良的习惯和嗜好叫作"祸媒"，所谓"好船者溺，好骑者堕，君子各以所好为祸"。清代汪辉祖说："近利以利来，近色以色至，事事投其性之所近，阴窃其柄。后虽悔悟，已受牵持。"

浙江省临海市文化广电出版局原局长周某，因贪污受贿罪被判处有期徒刑12年。法院认定的受贿财物金额共计35万余元，其中收受的兰花价值 20 万元。周某曾在山上采一株野兰花，放在单身宿舍里，越养越香。随着对兰花的痴迷，"胃口"开始变大。一些想找他办事的人，就借着以兰会友的名义，将购买的昂贵兰花送给他。他在忏悔书里写道："正是自己养兰、爱兰，让别有用心的人有机可乘，最终被兰花俘虏。"

厦门海关原副关长接培勇，酷爱书法，写得一手好字，也因此颇为清高。但当赖昌星送来一套 100 多万元的古籍善本，送来一幅 9 位名家合作的牡丹图时，接培勇开始把持不住了，最终与赖同流合污。赖昌星曾有句臭名昭著的话：不怕什么法律条文、规章制度，就怕领导干部没有兴趣爱好。这句话发人深思，它击中了人性的要害。一些官员的嗜好成为他们致命的软肋，半生清明栽倒在自己的嗜好里。

有的领导干部道德"滑坡"：与狐朋狗友形影不离，当做"知己"；对妖女色情很感兴趣，视为"知音"；对"灯红酒绿"乐此不疲，出出进进。有人说："领导干部也是人，也有七情六欲，也需怡心养性啊。"说穿了，他们所说的"人"，不过是指那些道德水准较低的暴发户、大款；他们所说的"生活情趣"，不过是指上酒店、洗桑拿、泡小姐、找小姘之类，亦即挥霍公款、花天酒地、依香偎玉的低级情趣。

有的领导干部生活方式很不健康，没有什么高雅的兴趣爱好。群众讽刺他们是：打麻将一夜两夜不睡，跳舞三天四天不停，钓鱼五趟六趟不累，喝酒七两八两不醉；工资基本不动，老婆基本不碰；上午带着轮子转、中午围着盘子转、下午围着桌子转、晚上围着裙子转；中午像关公，晚上像济公。

真正的普通人将这样的情趣视为可耻，视为庸俗低下。有位乡镇领导的妻子向市委书记写"求助信"；要求严管干部，限制她丈夫那些八小时以外的"生活情趣"！

保持作风纯洁就要做到生活正派、情趣健康。高尚的情趣，催人上进，使人奋发；低下的情趣，消磨斗志，涣散人心。领导干部的生活情趣是高雅、高洁、高尚，还是庸俗、低俗、媚俗，决定其崇尚与追求。

邓小平曾经警告说："如果说要变质，那么思想庸俗化就是一个危险的起点。"一些领导干部蜕化变质，一步步坠入违法乱纪的深渊，往往是从思想道德滑坡开始的。

由此观之，交友的动机要纯洁，把握好交友原则和分寸，积极培养健康的生活情趣和生活作风。坚持择善而交，净化自己的社交圈，抵御腐朽没落思想观念和生活方式的侵蚀，对见利便趋之若鹜的所谓的"小兄弟"要有戒备；应将兴趣爱好与个人修养联系起来，一定要爱之得当、好之高雅，爱之有道、好之有度，使其有利于陶冶情操，完善人格，摆脱低级情趣，提升人生境界。

交一些道德高尚、敢讲真话、某些方面比自己强的朋友，能时常激励你、让你看到自己的优点，提醒你看到自己的不足，容易了解真实情况，便于交流探讨问题，有利于正确决策，增长自己的才干，对党的事业也有利。正如陈毅所言："难得是净友，当面敢批评。"

党员领导干部还要善于与普通群众交朋友。与群众交朋友，不能搞庸俗关系，不能把骗取群众一时的信任作为升官发财的跳板。真心实意与群众交朋友，群众才能真心实意对待你，维护你的尊严和人格，直陈你的缺点和毛病，使你能听到难得的谔谔之声和相反意见，察觉工作之不足，改进决策之失误。

家有贪妇落马早

——贤明治家

我国向来有"修身、齐家、治国、平天下"的说法,先哲非常看重修身、齐家对治国、平天下的重要性。党员领导干部修身与治家、理政不可分割。既要管好自己,清廉为政,带好领导班子,还有贤明治家,管好配偶、子女和身边工作人员。

一个成功男人背后有着一位贤良的女性。她不时地提醒丈夫,规避危险的诱惑。唐太宗李世民的结发妻子长孙皇后,位及至尊却从不骄奢,从不贪占。包公夫人董氏始终节俭持家,维护了包公的清廉之美名……

郭沫若诗云:"吾爱焦裕禄,毛公好学生。利人如不及,忘我若无情。"徐俊雅对丈夫焦裕禄爱得深切,默默奉献,甘守清贫,公私分明,可以同古今许多著名贤内助相媲美。焦裕禄去世后,徐俊雅全靠她每月50多元的工资和每月13元的抚恤金艰难度日,从未向组织申请过救济。她对6个子女要求很严格,把好思想、好品德传给子女。她的大女儿焦守凤、大儿子焦跃进从不以父亲的声望谋取私利,受到群众的普遍好评。

"家有贤妻夫祸少,家有贪妇落马早。"此言极是!郑培民官职至省委副书记、省人大副主任,在一般人看来,能呼风唤雨,要满足妻子的要求可以说易如反掌。但他的妻子杨力求把郑培民手中的权力看做

"公权"，不能把它变成捞取私利的资本和砝码，因而从来没有向郑培民乱吹"枕边风"。她给自己立下"三不"戒律，即"不帮人向郑培民带任何信，不传口信，不接受任何礼品"，支持、帮助丈夫把好廉洁关。几十年来，杨力求的职务仍是一名书店的普通职工。

有的领导干部能经受"台风"的袭击，却经受不了"枕头风"的侵袭。他们出问题，就是出在"德"上，是放松自身道德修养所致。他们搭建了一条权力寻租利益链，合伙密谋，联手作案，有"全家上阵型"，有"夫唱妇随型"，有"情人、兄弟合伙型"。

贪欲是滋生罪恶的沃土。廉与贪之间，本来有一条天然的鸿沟，但是当贪婪的欲望主导了人的内心，这条鸿沟就会被轻易的逾越。田雅芝和丈夫马德一唱一和，上演敛财大剧，被称为丈夫的"收钱袋子"；贾桂娥公然打着丈夫慕绥新的名义暴敛钱财……

在贪欲的支配下，夫妻在一贪俱贪、共同腐败过后，终会招致一损俱损、同耻同罪的结局。山东省莱州市原市委书记矫智仁受审时不无感慨地说："我戴的手铐有我的一半，也有我妻子的一半"，用惨痛的教训诠释着"妻贪夫祸多"的哲理。

许多事实说明，贪官都有一个腐败圈，亦即关系网。贪官身后的贪妻，是贪官以权谋私的第一目的地——家庭利益最大化的共建者。他们错误地认为行贿受贿大都是双方得利，两厢情愿，无人揭发，不易暴露。由于心存侥幸，因此铤而走险，以身试法。

贪官背后往往站着一个贪婪的女人。她们或对丈夫腐败行为视而不见，或者同流合污，赤裸裸地帮助丈夫受贿、索贿、窝藏，把丈夫一步步推向深渊。李嘉廷的妻子王骁就是个典型的"贪内助"。

云南省原省长李嘉廷的妻子王骁是个贪得无厌的人。对送上门去的一些礼品，只要王骁在家，不论礼品贵贱，她都是一番客套后一概"笑纳"，成了李嘉廷收礼受贿的"总管"和"代理人"。

2003年5月，李嘉廷被判处死刑，缓期二年执行，剥夺政治权利终身，并处没收个人全部财产。其子李勃被判处有期徒刑15年，王骁自知罪责难逃，于2001年9月在家中悬梁自尽。一个原本幸福团圆的家庭，在"贪婪"二字的驱使下，最终落得人去财空悔已晚，家破人亡凄惨惨。

贪婪常常写就长恨歌。有副对联："为官不正，贪字近贫"。"贪"与"贫"字相差无几，其中却有必然联系：贪赃枉法，必然落得身败名裂，一贫如洗，把自己送上法庭、监狱、刑场的不归之路。

2009年盛夏，一条有关"内蒙古赤峰市原市委徐国元贪污受贿案公开审理"的新闻让人们震惊不已。徐国元6年间单独或伙同其妻李敏杰非法收受他人财物折合人民币1258万余元。

徐国元之妻李敏杰是个欲壑难填的"贪内助"。徐国元往家里大笔拿钱，她不仅不劝阻，甚至比丈夫还贪婪，可谓"丈夫在仕途上发迹，妻子在私下里发财"。凡有人到家送钱送物，她都照收不误，甚至连一些不认识的人送的钱物，她也照样收下。事后，她只能用"大高个"、"旗县的"、"矮个稍胖"等词，来形容送钱的人。

"贪内助"或对丈夫大搞权钱交易的行为视而不见，坐收渔利；或妻随夫贪，助纣为虐，与丈夫同流合污；或劲吹"枕边风"，诱导、怂恿丈夫以权谋私、暴富发家；甚至狐假虎威，借丈夫权势肆意剑财；在东窗事发时，又与丈夫订立攻守同盟，帮助转移赃款，为其开脱罪责……起到了推波助澜的作用。

一些居心叵测的不法之徒，把行贿的目标转向其家人。"正面进攻"难以奏效，"迂回侧击"倒可以打开缺口。只要贿金朝其妻子手中一塞，托其吹吹"枕边风"，那掌权的丈夫不免或明白或"糊涂"，由人牵着鼻子走。程辛联与李纪周携手犯罪，便是这样一个案例。

《妻贪夫祸多》一书载，贪官李纪周曾任公安部副部长等职。他与妻子程辛联携手犯罪，值得引以为戒。

李纪周收受赖昌星巨额贿赂，其中有两次是通过程辛联之手完成的。按说，程辛联是高干家庭出身，受过高等教育，应当成为丈夫的"廉内助"才是。然而，她却凭着丈夫的显赫身份，不安分守己，从首都图书馆副馆长的位置上"病退",想"做生意"。而当李纪周带她去看望"老朋友"赖昌星时,给了赖昌星可乘之机:"可以提供资金支持。"于是,程辛联轻松拿到了 100 万元。随后,赖昌星又安排她到厦门旅游,给她在美国的女儿汇去 50 万美元。

天下从来没有免费的午餐。尽管此前赖昌星没找李纪周"办事",但可想而知,李纪周作为炙手可热的公安部领导,是许多人想攀附都攀附不上的人物,又何况是靠走私发家的赖昌星?赖昌星之所以往程辛联身上"撒大钱",是做"战略投资",是要"放长线""钓"李纪周这条"大鱼"。于是,便有了后来李纪周受赖昌星请托,干预海南公安边防对某外籍油轮违法进口柴油的查处等违法行为,以致"妻唱夫随",直至东窗事发。

毫无疑问,为官者"出事",根本原因在其自身。若其自身不正,再有个不安分、出馊主意的妻子,面对"铜臭"的诱惑,很容易"失足落水"。李纪周的犯罪,在于交友不慎。假若他不交赖昌星这个"朋友",也就没有其对程辛联的"投资"。再假若,程辛联能正确对待丈夫的权力,安分守己,清廉持家,不搞夫贵妻荣;能理解丈夫的职业规范,勉夫谨慎交友,尤其是当丈夫的"朋友"送自己"好处"时,谨防为其利用,不做有玷丈夫"官箴"的事,怕又是另外一种结局。

有的领导干部不仅自己贪,还把妻子、子女安排到"油水"大的岗位,"蚕食"和"蛀空"企业;有的利用职权和职务上的影响,为妻子、子女谋取非法利益创造便利条件;有的领导干部的妻子对丈夫的下属或用户送上门的钱物一律收下,或利用丈夫的权力和影响,扮演着"假李逵"的角色,四处活动,走门子,拿佣金,吃回扣,或为丈夫出谋划策,索贿受贿。有的领导干部当亲属犯了错误或触犯刑律时,同党离心离德,想方设法加以隐瞒、袒护。到头来,家庭成员非但没有得到实惠,反而和自己一样身败名裂,受到法律的严惩。

贪赃枉法必然落得身败名裂,自掘一条不归之路,导致家庭幸福的破灭,给家人带来的痛苦是难以想象的。到身陷牢笼时,才大彻大悟,可惜晚矣，那时不仅失去的是金钱、地位，而且失去了一生的清白与自由……面对法庭的庄严宣判，他们总是望天叹息，追悔莫及。宁肯不当官，也不要当贪官、贪妇啊！但为时已晚。

章亚飞曾拥有一个令人羡慕的幸福家庭，与丈夫马向东情深意笃，恩爱有加；她拥有事业的成功，教授头衔、医学院副院长，头上还顶着省市劳模、省人大代表等光环……权力、地位、事业、待遇、爱情、荣誉，似乎上帝对她特别眷顾，一切幸福的要素她都具备。而如今，这一切都离她远去，留给她的只有无尽的悔恨和沉重的思索。

是谁毁掉了这个幸运女人的幸福？当然是她自己。章亚飞利用丈夫的权杖威势大搞权钱交易，不仅单独收受财物，而且一再唆使马向东利用职务之便索贿。从 1984 年至 1999 年的 16 年中，马向东的受贿所得均交章亚飞保管，少则一千，多则数万，她照收无误，毫无畏惧可言。为了防止丈夫感情出轨，她信奉"男人非赌即色"的奇谈怪论，授意并支持丈夫去境外豪赌。

丈夫受贿东窗事发被采取措施后，她竟斗胆与法较量，几近疯狂地展开"营救"行动，严重干扰了彻查"慕马大案"。至此，她对丈夫的深情，完全是一幕黑色的讽刺剧。章亚非之所为，清晰地划出了她走向堕落的人生轨迹，也展示出她亲手毁掉家庭、爱情和幸福的过程。

好好的一个人，即使是受过良好教育的人，如果与"贪"字沾上边，久而久之，便会由量变到质变，变得面目可憎，变得不可理喻。什么原则、制度、党纪、国法，什么官德、人格、廉耻，竟然都会抛至九霄云外。"人心不足蛇吞象。"随着马向东的权势越来越大，章亚非的贪欲也越来越大，她把丈夫手中的权力当做"摇钱树"，竟然远不如几千年前曾以"志士不饮盗泉之水、廉者不受嗟来之食"的村野乡妇劝夫莫贪。贪欲之门一旦打开，便会发生可怕的"江河决堤"，一发而不可收拾，最后把自己给毁灭。家有贪妇落马早！古往今来，一个个惨痛的教训响彻于历史的回音壁。

贪婪侥幸一阵子，坐牢后悔一辈子。贪污受贿，让一名党培养多年、为事业奋斗多年的人锒铛入狱，让本值得回忆的人生留下深深的遗憾。一个人成为贪官，付出的代价太大，实在划不来，是非常不值得的。贪污受贿时胆大妄为，事过之后又胆战心惊，怕昔日的风光一去不返，更怕法律的无情制裁。这样忧心忡忡，容易生大病。一旦受到党纪政纪的惩治，轻者警告、降职，重者开除党籍和公职，步履蹒跚锒铛入狱，断送自己前程。丧失人身自由等多方面自由；声名狼籍，没脸见人；在经济上赔本、不合算，毁掉个人一生的清白，连累了家属子女，家中老人、妻儿万分痛苦，伤心流泪。

　　家庭成为廉洁的港湾，才有安宁幸福；家庭成为腐败的漩涡，就会招致痛苦甚至毁灭！一则则警策之言那是一个个经验教训换来的，至为宝贵，应永远铭刻于心、付诸行动！

　　作风的纯洁和清廉的家风，是留给子孙最好的传家宝。领导干部、家属尤其是配偶，一定要树立正确的治家观，弘扬中华民族传统美德，在家庭生活中不慕奢华，培养高尚情趣，以"贤"为贵，以"廉"为荣，不搞特殊化。不在其管辖范围内从事经商办企业活动，不接受有碍公正执行公务的礼品、礼金和宴请。应常思贪欲之害，摒弃不义之财、非法之利，不为杂念所扰，不为亲情所困，不为私利所动，算好政治、经济、名誉、家庭、自由、亲情、健康七本账，增强廉洁从政意识，千万不要因为贪图物质利益而丢掉人格，千万不要因为违纪违法给亲人造成无法抚平的伤害。一定要管好配偶、子女和身边的工作人员，避免走上共同犯罪的道路。

立人大节总系心

—— 增强耻感

"耻"在辞海中有三层意思：第一指羞愧之心；第二指可耻的事情；第三指侮辱。清俭、正直、谦退、忠节、强谏、义烈、悔过、让功、拒贿……都属于知耻；奢侈、邪佞、专恣、妒贤、徇私、贪污、耽溺、残酷、狎昵、辱命……都斥为无耻。

一个官德修养较差的人，容易违背道德规范，陷入非道德行为的泥潭。一个官德境界高尚的人，就会耻于同违背道德规范的人为伍。

恪守官德，须增强耻感。"耻"的基本义项是"耻感"。耻感是人们对羞耻、羞愧、耻辱的一种感受、感觉、感悟，就是指人在做了自己明知不应该去做或被人劝说去做不应该做的事时，心里就涌起逆向情感、逆向意识，感到脸面愧怍，甚至无地自容，继而反省自己，翻然改正。换言之，耻感作为一种心理情感，在个体的欲望、行为与社会道德背离时，会引起个体内心的不安、焦虑和痛苦，从而可以使其主动放弃自己的不道德欲望和行为。

有无羞耻之心，是判断人与非人的基本标准。知耻是人之为人最基本的要求。"羞耻心"是人格的基本点，是人之为人的底线，是保持做人尊严的自因，是人对自己之为人的本质自觉，是真正学会做人的开始。《诗经》云："相鼠有皮，人而无仪；人而无仪，不死何为？"说的就是人有脸，不能不讲礼仪与廉耻。

唐朝郭弘霸凭借谄媚的本事当上了御史。御史中丞魏元忠生病，他前往探望，要求察看魏元忠的大小便，并用手指蘸了放入口中尝，以此来判断病势轻重，但魏元忠相当厌恶他的谄媚，并将其谄媚之话传开，郭弘霸一时成为笑柄。

知耻是人的一种内在的价值认知，有了知耻的约束，就会出于自爱而抑恶扬善。一个人知耻、有耻感，才能自保人格尊严，明善恶、知荣辱，不想、不做假丑恶的事。

孟子说："无恻隐之心，无羞恶之心，非人也；无辞让之心，非人也；无是非之心，非人也。""人不可以无耻。无耻之耻，无耻矣。"——人不可以没有羞耻，不知羞耻的那种羞耻，真是不知羞耻。孔子说，"行己有耻，使于四方，不辱君命"，"知耻近乎勇。"朱熹说："耻者，吾所固有羞恶之心也。有之则进于圣贤，失之则入于禽兽，故所系甚大。"南宋陆九渊认为："人而无耻，果何以为人哉。"可见，知耻是人存在的基础，没有耻辱心，就没有独立的价值人格；如果恬不知耻，不以耻为耻，就是自毁人格，更不能成为领导干部。

有耻与无耻对人来说将有完全不同的两种人生态度和做人准则，是"立人之大节"。"如无耻，则无事不可为矣。"领导干部应经常检点自己的所作所为，通过自省和反思而知耻，做到自爱、自重、自尊、自警和自励。

近年来受到查处的一系列贪官，大都趣味低级，耻感意识弱化，荣辱关系颠倒，生活腐化，流连于声色犬马，包养情人、"二奶"……对个人生活作风问题不以为耻，反以为荣。某所长包养了13个情妇，向熟人炫耀："《红楼梦》里有金陵十二钗，我呢，有金陵十三钗……"

某贪官在接受审判时说："我是爱江山也爱美人。在我有生之年能遇上几个有情有义的女人，是我的福分。"南京奶业集团公司原总经理、号称金陵"奶王"的副厅级贪官金某说："像我这样级别的领导干部谁没有几个情人？这不仅是生理的需要，更是身份的象征，否则，别人会打心眼儿里瞧不起你。"

据人民网报道，江苏省建设厅原厅长徐某某曾任滨海县县委书记、盐城市市长，因贪污受贿2000余万元，2000年被判处死刑，缓期两年执行。徐被捕时，有关部门在他随身携带的包里搜出一个笔记本，上面居然密密麻麻地记录着他的100多个情妇的名字。他一箭双雕了母女俩——盐城某医院的一名46岁普通女护士和她19岁的女儿。一次酒后，他当着众人的面居然还将这母女俩的"床上功夫"进行了一番比较。其恬不知耻行为已到了令人发指的地步。

有些领导干部之所以不清廉，乃至于违犯礼义，做出种种不合乎道德的事，原因就在于淡化了耻感。有的跑官要官，买官卖官；有的卖淫、嫖娼；一些人违法犯罪的原因多种多样，却有一个共同点：从渐渐淡忘耻辱之心到丧失羞耻感，恬不知耻、寡廉鲜耻。

黑格尔说：具有羞耻之心是人与动物的区别。没有一点羞耻心的人，必然会沦为与禽兽无异的无耻之徒。如果说，光荣是美德的忠实伴侣，那么无耻与缺德结伴而生。人有了耻感之意，有了知耻之心，才能形成高尚的人格，形成良好的风气。

有无廉耻关乎国家的存亡。管仲则把"耻"字提高到关系国家生死存亡的高度。《管子》有言："守国之度，在饰四维"，"四维不张，国乃灭亡"。"国之四维，一维绝则倾，二维绝则危，三维绝则覆，四维绝则灭。倾可正也，危可安也，覆可起也，灭不可复错也。"他说："国有四维，……一曰礼，二曰义，三曰廉，四曰耻。""四维张，则君令行。……四维不张，国乃灭亡。"——礼义廉耻四字是治国的大纲，如果没有了它，这个国家就要灭亡。

明末清初的思想家顾炎武认为：礼义廉耻四字，是治国的大纲，它关系着国家的存亡。他援引管子的话说："礼义廉耻，国之四维，四维不张，国乃灭亡。"管子这16字箴言，是后世奉为经典的命题。

礼义是用以治人的，廉耻是用以立人的。一个人如果不廉，就会无所不取；如若不耻，则必然无所不为。龚自珍说："士皆知耻，则国家永无耻矣；士不知耻，为国之大耻。"

加强官德修养，须增强耻感。耻感意识是基于一定的是非观、善恶观、荣辱观而产生的一种自觉求荣免辱之心，是人们珍惜、维护自身尊严而产生的一种情感意识。耻感是一种自知与自尊的德性。领导干部能否知耻，关系国家和民族大义，反映其为政品格优劣。耻感是人的道德意识能动性的重要表现，是人的自律意识的彰显。"人有耻则能有所不为"，就会崇尚廉洁，崇尚文明，追求真善美，远离耻辱；在诱惑面前心不动，在利益冲突关头能自重。

耻既是他律的，更是自律的。耻本质上是一种"内化的制裁"即自律。从辞源学上考察，"耻"从"耳"从"止"，即有听到别人的批评而中止之意。在古字中，"耻"的异体字是从"耳"从"心"，它被文字学家解释为因不当行为而心愧耳赤之意，这便是自律了。

领导干部要牢固树立社会主义荣辱观，常把耻感当做警钟，反躬自省，克己修身。在美色面前心志不为所动，节操不为所移，防止以权谋色和以色谋利，坚守共产党人的精神家园，带头倡导以廉为荣、以贪为耻的良好风尚。

要加强对领导干部"八小时以外"生活圈的监督。打击"桃色贪官"，惩处情妇。凡是喜欢玩女人的官员，不管他有多能干，有多大本事，都应一律从权力岗位上除名。

一诺为重百金轻

——坚守诚信

领导者首先应当是个好人，称不上好人就不配当领导，即使当上领导也不会让人服气。"君子修身，莫善于诚信"。做个好人、当个好官，恪守官德，就应当对人诚信、坦率、宽容。发现别人不信服你，产生厌倦感，你应首先反躬自问：我是否对人不够真诚，不讲信用？

"真诚换真心，诚信变真金"。没有诚信，交朋友不会长久；没有诚信，做生意岂能红火；没有诚信，干大事不过是空谈。因此，与其精明老练，熟悉人情世故，不如敦方诚信，淳朴纯真，待人以诚。正如老子所言："敦兮其若朴，旷兮其若谷，混兮其若浊。"——淳朴得好像未经雕琢，旷达得好像高山空谷，敦厚得好像浑沌不清。

诚信是最基本的官德修养。真实坦诚地待人，是做人和秉政最明智的选择。巧诈只是一种目光短浅的耍小聪明，只能得逞一时，总有被人识破之日，换来的是别人怀疑、猜忌和不信任，倒不如以拙诚待人，诚恳率真地处世，获得他人的敬重和信赖。正如《韩非子》所言："巧诈不如诚拙"。也正如刘禹锡所云："尽诚可以绝嫌猜，徇公可以弭谗诉。"

诚信是祖先留给我们的宝贵精神财富。"一诺千金"的佳话，回响于历史长廊。"一言既出，驷马难追"之箴言，流传于华夏故园。"三杯吐然诺，五岳倒为轻"，"有信者荣，失信者耻"，极言诚信之重要。

《庄子》一书记载了"尾生抱柱"的故事。有个叫尾生的青年与淑女约定,在某桥下相见。可是没等姑娘来到,河里涨起大水。尾生为了不失信用,不肯离去,宁可抱住桥柱,直至被水淹死。书中很多故事是虚构的寓言,不过我们可以看出,人们是多么重视真诚在恋爱、婚姻及家庭中的位置,主张将真诚看得比生命还重要!李白《长干行》云:"常存抱柱信,岂上望夫台。"所谓"望夫台",是说丈夫在外,约定某年某月归来,但没有实现诺言,妻子总是站在台上望着丈夫归来。

孙权的长处之一在于他待人真诚,爱护部下。周瑜指挥的赤壁之役、吕蒙指挥的荆州之役和陆逊指挥的彝陵之役,是决定东吴命运的大战,孙权却完全放心属下在前线御敌作战。

吕蒙患病,孙权将其安置在内殿就近治疗,不惜重金悬赏以求名医名药,其间孙权常来探视,又恐吕蒙伤神劳累,就在墙壁上穿一小洞,随时看望。彝陵之役时有人告发诸葛瑾里通蜀汉,孙权坚定地说:"我与诸葛子瑜,可谓神交,我不信外人流言!"

隋文帝杨坚和隋炀帝杨广曾有开创性的建树,但为什么隋朝江山其兴也勃,其亡也忽?原因是多方面的,其中一个原因是隋炀帝在关键时刻不守承诺,出尔反尔。

隋炀帝在征辽草草收场后,便又不顾苦谏,北巡突厥,遭到突厥袭击,被围困在雁门关。突厥人日夜猛攻,隋军死伤不计其数。为激励将士拼死突围,他下令承诺:守城有功的人,如果无官职,直接授予六品官职,并赏赐给物品;已经有官职的,亦赐晋升奖励;并且宣布停止征高丽。广大将士不顾生死,奋勇作战,终于保得城池不失。就在将士们满心以为皇帝会兑现诺言的时候,杨广却把之前的话全盘否定,不但绝大部分将士没有得到应得的赏赐,而且居然宣布要继续征讨高丽,犯了治军治政的大忌。在后来起兵反抗隋炀帝的官兵中,有很多是雁门关中没有得到赏赐的将士。

魏征说过:"臣听说治理国家的根本,一定要凭借道德和礼仪;君子所依赖的,只在于忠诚信义。诚信立,则民没有二心;道德礼仪彰,则远方之人也会归附。如此看来,道德、礼仪、忠诚和信义,乃是国家之最高原则,它存于父子君臣,不可须臾废弃。"(《旧唐书·魏征传》)诚信是其人格魅力的品牌,是通行天下的护照,是博取对方信赖的良方。

《资治通鉴·晋纪》有言:"立功者患信义不著,不患名位不高。"——立功的人担心自己的信义不显著,而不必忧虑自己的名誉和地位不高。有一次,一位弟子问司马光:"倘若用一句话来作为人生座右铭,那应该是什么呢?""唯诚而已!"司马光如是回答。

作为官德的基石,诚信不仅关乎为官者个人品德修养,而且事关治国安邦、修齐治平、理政施令能否顺行。曾国藩一生待人以诚为本,以拙为用。他说得好:"驭将之道,最贵推诚,不贵权术。"他还说过:"'勤'字所以医惰,'慎'字所以医骄。此二字之先,须有一'诚'字以立其本。立志要将此事知得透,办得穿,精诚所至,金石亦开,鬼神亦避,此在己之诚也。"

曾国藩做事"情愿人占我的便宜,断不肯我占人的便宜"。左宗棠曾骂曾国藩"愚猪",以怨报德,曾国藩却终生未还一手。李鸿章也时常和他耍心眼、逞私心。曾国藩却因为爱李之才,始终不改对李鸿章的关心、爱护、包容、提携。李鸿章因此终生感激涕零。正是因为曾国藩为人真诚质朴,麾下谋士如云,猛将如雨,得道多助,成就斐然。

真诚是万美之根,生命之神,人生的通行证。真诚是初春的青草,雨后的彩虹,靓丽的风景线。清代雍正说:"立身以至诚为本,读书以明理为先。"蒙古族谚语说:"心诚能感动卧牛石。"一个人可以挡住不容易挡住的诱惑,却挡不住感人肺腑的真诚之莅临。

在古代原始人部落,谎报情况要受到最严厉的惩罚。巧伪、奸诈,只能骗一时,怎能骗人永久呢,因此会被人唾而弃之。

古罗马历史学家塔西陀曾断言:"当一个政府或部门失去公信力时,不论说真话还是假话,做好事还是坏事,都会被认为是说假话、做坏事。"这一卓越见解后来成为西方政治学定律之一,即"塔西佗陷阱"。

海涅说过："生命不可能从谎言中开出灿烂的鲜花。"伪装得过分谦虚、热情之人，往往别有他图，不外是怀有个人野心，或是为了沽名钓誉。黑格尔说："伪善必须揭露出来。"（《精神现象学》下卷，第168页）

在处理人际关系时，应该忠厚老实，心口如一，不藏奸，不要滑，不要在人生舞台上披铠甲，戴面具，去"演戏"。做人为政都要坦诚，莫做伪君子，要有一点侠骨柔肠。

给人以巧伪和假象，总爱"忽悠"别人，看风使舵，媚上欺下，弄虚作假，欺上瞒下，虚报浮夸，搞假政绩，干两面三刀的事情，过了一段时间就会露出破绽，会被人识破：原来是个金玉其外、败絮其中的绣花枕头，是个"兵法"太多、"机谋"太深、"包装"太靓的官场滑头。"鬼把戏"被人戳穿之后，便失去别人的信任，留下不好的名声，被人们指脊梁骨。这种自以为聪明的奸诈之举，"赔了夫人又折兵"，乃是做人的失败，做官的不光彩，还有什么成功可言呢？

市场层面的商业欺诈、制假售假，类似地沟油、造假茅台等事件层出不穷，公权层面的失公失信，资源分配中与民争利的行为——诸多现实问题，几乎都与"诚信缺失"有关。

人的尊严和光荣不在于精明而在于诚信。丢掉诚信的人就像"狼来了"故事中的孩子，最终被这个世界所抛弃。

一个人能够诚信无伪，秉之行事，恃之以立身，则虽小善亦有可观，否则的话，虽大能亦不足道。萨迪说："宁可因为真话负罪，不可靠假话开脱。"一旦自己有了失误，不要去辩解，更不宜推卸责任，而应诚恳地道歉，提出弥补过错的办法。

与其机巧，不如诚信。心中藏着巧诈，心灵就不会纯洁，道德就不会完美。现在，老百姓对说假话、凑数字、编政绩最为反感，领导干部诚信问题已经成为影响党群、干群关系的重要因素，应当引起各级领导干部的高度重视。

诚信是普天之下通行的行为准则，是必不可少的人生素质和工作素养。诚信是一种品行、一种责任、一种准则、一种资源。领导干部应把诚信作为自己的道德根基、人格底蕴、立世之本。做官之道，做诚实守信的表率，就会使群众产生亲近感和信任感。

一只小蚂蚁因为一阵风被吹进一条河流里，几经挣扎，还是不能爬上来。一只小鸟从水面飞过，看到此情景，叼了一块朽木扔在小蚂蚁身旁，小蚂蚁借助朽木爬上了岸。

一位猎人发现了鸟儿在草丛中寻找食物，举枪瞄准，猎人的脚突然被一只小蚂蚁猛咬了一下，使猎人的手抖了一下，子弹射向了他处，鸟儿飞走了。猎人弯下腰时，小蚂蚁钻进了草丛。这个故事，体现了你真诚地帮助了他人，也许在某个关键时刻，会得到别人的帮助。

真诚可以赢得尊重和信任，是"重要的存款"，是人生的通行证。用真诚和信任对待部下，部下就能用真诚回报，并能为上司分担忧愁。对人不真诚，耍心眼，弄手段，感情账户就会出现赤字。

古今统御在信诚，一诺为重百金轻。领导干部应做到高度坦诚，既然向人承诺，就要言必行，行必果，绝不食言。

真诚守信是做人的原则，是一种正直的品格，历来受人推崇。台湾台塑集团董事长王永庆曾谈及他创造亿万财富的秘诀："我啊，其实长得也不俊，最要紧的是以诚待人。如果你没有诚意，你周围的人迟早都会离开你。"

温家宝在 2008 年"两会"期间答记者问时有段妙语："如果我们的国家有比黄金还要贵重的诚信、有比大海还要宽广的包容、有比爱自己还要宽宏的博爱、有比高山还要崇高的道德，那么我们这个国家就是一个具有精神文明和道德力量的国家。"

人们之所以珍爱诚信，赞美诚信，是因为诚信是做人的道德底线，诚信是博大的情怀，是大爱的呼唤，是快乐的源泉；是因为诚信是岁月的承诺，是天地的恩惠；是因为诚信会使亲情保持长久，使友情变得纯真，使爱情经住考验。

要用真诚之心对待别人，用仁义之举善待别人。当发现他人有忧愁、痛苦、烦恼、难处时，应主动、迅速、无私地去帮助而不图回报；当看到他人有毛病时，应主动予以提醒和开导，而不在背后看"笑话"、发议论；对别人做了对不起你的事情，要以善良之心回敬对方，而不耿耿于怀，更不必打击报复。

卡耐基在《如何赢得朋友并影响人们》一书中提出，培养好人缘有6条方法：真诚地对别人感兴趣；微笑；要记住名字是一个人所有语言中最美、最重要的声音；做一个好的聆听者，鼓励别人谈论他们自己；谈论别人感兴趣的事；真诚地使别人觉得他很重要。

诚信是忠诚的最基本要求，不讲诚信的人不会忠诚于我们的事业，相反却很有可能破坏我们的事业。孙中山说过："矢信矢忠，始终不渝。"一支队伍、一个团队，是否具有战斗力，在很大程度上取决于它的成员是否忠诚，离心离德绝不可能有战斗力。而要做到忠诚，最基本的要求就是要做到对组织、对团队的诚实与信用。

契约属于市场经济活动的操作规范，而诚信是契约的道德理念支撑，是契约化社会经济运行的生命所在。

国学大师、资深教授季羡林说过，自己喜欢的人是这样的：质朴，淳厚，诚恳，平易；骨头硬，心肠软；怀真情，讲真话；不阿谀奉承，不背后议论；不人前一面，人后一面；无哗众取宠之意，有实事求是之心；不是丝毫不考虑个人利益，而是多为别人考虑；关键是一个"真"字，是性情中人。

诚实守信是一种操守和品德，绝不是先天就有的，需要后天培育而成，其途径外靠法律约束，内靠自律与修养。诚信、廉洁与自律、修养，二者互为关联，互为因果，相辅相成，共同促进人的道德完善，优秀人格的形成。

诚信是人的心理命脉。心地洁净，心口、表里、名实如一，暗处明处如一。对待各个层次的人，包括对待亲近自己的"熟人"，有点影响的"名人"，处于重要位置的"要人"，都应真诚平等相待、一视同仁、融洽相处，摒弃吹吹拍拍拉关系、拉拉扯扯搞圈子，绝不让真诚的纯真被市俗的风尘所污染。

世界上最聪明的人，是最讲诚信的人。真诚于言，真诚于情，无做作，不巧伪，本来如是即如是。坚守诚信，使人信赖，赢来成功。

永葆本色成功路

——艰苦奋斗

我们正处在一个励精图治、奋发有为的崭新时代，一个改革攻坚、科学发展的关键时期。崇高的事业需要艰苦奋斗的精神，艰苦奋斗的精神支撑和推动崇高事业的发展。

如果说，艰苦是一种困难的条件、恶劣的环境和无情的挑战，那么，奋斗则是一种不惜憔悴自身的拼搏和敢为人先的超越。

在中华民族绵延悠久的发展过程中，养成了艰苦奋斗的优良传统。远古时代"有巢氏"垒巢造屋，"燧人氏"钻木取火，"神农氏"尝百草植五谷，就开始了艰苦创业。艰苦奋斗是历史发展、民族兴旺的永恒动力。

夏禹姓姒，名文命，相传为黄帝的玄孙，帝颛顼的孙子，鲧之子，出生于四川的北川，被百姓尊称为"大禹"。他生活于距今四千多年前，是夏后氏部落领袖、夏朝的奠基者。

夏朝开国的时候，大禹为了治水，曾经三过家门而不入，一心为了老百姓，甚至甘愿牺牲自己。孔子赞美大禹说，大禹顾不上考虑自己住房条件的低劣，而尽心于水利建设；富有天下而不贪图享受。《韩非子》说大禹治水时经常背着治水的工具，不辞辛劳地奔走劳作，"股无完胈，胫不生毛"，干的是比奴隶还苦的重活。所谓身教重于言教，大禹可以说是这方面的典范。

大禹外出治水期间，有一年春天，他的女儿游春，半路上闻到一股特别的香味，她顺着香味一找，便找到了一个叫仪狄的人家里。这仪狄，原来是个酿酒师傅，会用各种果品、粮食酿造出又香又醉人的美酒。

仪狄见禹王的女儿来了，就请她喝酒。禹王的女儿一喝，感到浑身舒畅，便把仪狄请到王宫里去酿酒。后来，大禹疏通了9条河回来，他的女儿立即把仪狄的酒献给大禹喝，想讨父亲的欢心。

大禹一喝，也觉得味道可口，便接连喝了好几碗，不一会儿就喝醉了。这一醉，就昏昏沉沉地睡了两天，什么也不想干。大禹酒醒之后，猛然觉得这事情有点不对。他感到酒喝多了会误事，便马上把臣子们召集起来说："酒虽好喝，但难免会误事。"又断言："后世必有以酒亡其国者！"于是，他下了一道戒酒令，不准人们再酿酒。这便是中国历史上的第一道戒酒令。

可是，仪狄回家后，舍不得他那套酿酒技术，便仍然偷偷地酿酒，并一代一代传了下来。到了商朝纣王的时候，这个暴君为了饮酒作乐，专门把仪狄的传人喊到王宫大量酿酒，把酒装到花园里的大池中，把肉挂在树枝上，成天沉浸在酒色中，史书上说是"酒池肉林"。结果，商朝不久就亡了国。

历史上，大凡政权的兴起，往往是通过艰苦奋斗取得的，而最终的败亡则常常是和统治阶级骄奢淫逸、穷奢极欲的作风有关。即使是革命者，在取得革命的胜利后，如果不注意保持艰苦奋斗的优良作风，革命精神就很容易消退，就很容易在反动势力的反扑中迅速走向失败。

明朝末年李自成领导的农民起义，开始形象很好，很得人心，历经磨难，备尝艰辛，终于推翻了明王朝。胜利使义军的许多将士忘乎所以，很快变得骄奢淫逸、腐化堕落起来。李自成原本"不好酒色"，也开始蓄养美女，沉迷声色，以饮酒为乐。军中官兵从上到下花天酒地，贪图享乐。大堆的金银珠宝使他们眼花缭乱，革命精神迅速丧失，追赃变成了分赃，军纪败坏，掠夺民财，强占民女，竟然忘记了手握重兵的吴三桂，更忘记了在关外虎视眈眈、剽悍骁勇的清军。百姓认为大顺还不如大明，一股反对大顺政权的潮流迅速掀起，最终失去人民的支持，没过多久就被赶出北京城，一败涂地。

郭沫若在《甲申三百年祭》中指出，李自成的起义军经过十六七年的艰苦奋斗，终于占领北京建立大顺王朝之后，仅仅存在了42天就灭亡了。其根本原因就是被胜利冲昏了头脑，在进城后，不是安抚民生，招降吴三桂，防备满清，而是忙着住皇宫，筹备登基大典，拷夹降官，搜刮赃款，严刑杀人，使得军纪涣散，民怨沸腾，最终迅速失败。

清王朝在出现"康乾盛世"之后，失去了原有进取心，不思革新，不再艰苦奋斗，逐步走向衰弱，最后被辛亥革命的怒涛淹没。

过分优裕的生活，往往会使人缺乏进取心，缺乏克服困难的意志力。相反，艰苦奋斗则可以磨炼意志、陶冶情操，增强人的责任感、进取心。

艰苦奋斗是我们党历久弥新的本色，折射一种坚韧不拔的务实作风。我们党是靠艰苦奋斗起家的，也是靠艰苦奋斗发展壮大、成就伟业的。它是我们党的政治优势，也是党员领导干部必须具备的基本政治素质和道德修养。

艰苦奋斗在不同的历史时期，随着时代发展和演变，其内涵不是一成不变的，也在与时俱进，要与社会的历史条件和时代特征相适应。在革命战争的艰苦岁月，艰苦奋斗精神集中体现著名的"井冈山精神"、"长征精神"和"延安精神"。

正是依靠这种精神，我们党历尽艰险，饱受磨难而不堕革命之志——在白色恐怖中开辟了革命根据地，创造了两万五千里长征这个人类历史上的奇迹。

1949年3月，中国共产党在河北省平山县的西柏坡村召开了七届二中全会。在这个历史转折关头，毛泽东语重心长地告诫全党同志，要预防"糖衣裹着炮弹的攻击"，"务必使同志们继续地保持谦虚、谨慎、不骄、不躁的作风，务必使同志们继续地保持艰苦奋斗的作风"。毛泽东率中央机关离开西柏坡进北京时,又讲了一段意味深长的话:我们是进京赶考,希望考个好成绩,绝不当李自成!

从西柏坡到北平,毛泽东称之为"赶考"。在毛泽东的率先垂范和谆谆教导下,大多数共产党人都考出了优异的成绩,当年毛泽东担心的李自成的悲剧没有重演,黄炎培提出的"周期率"现象没有在中国共产党人身上出现,这些都得益于"两个务必"。

1950年3月初,毛泽东访问苏联归来,了解到一位领导干部在香山找了一处幽静的山坡给自己盖了一幢二层小楼,脸色顿时凝重起来。

第二天,毛泽东便把那位领导干部找来,按捺不住心头的怒火大声吼道:"你的派头真不小呢!我看和过去的帝王将相差不多了!"接着,毛泽东又厉声喝问:"你这么干,还配当共产党的干部吗?老百姓要戳着我们的脊梁骨骂呢!我不早讲过,进城以后不要学做李自成吗!"

此人吓得直冒冷汗,胆战心惊地说:"主席,我错了……"毛泽东怒气不消,质问道:"你错了?当初盖房子不晓得错?我看你是明知故犯,仗着手中有点权胡作非为。"

毛泽东稍停片刻又说:"我们共产党是为人民服务的,不是来这里享受的,更不允许贪污腐化!这样下去,就成了李自成了!"

周恩来说:"主席讲得对。这件事需要调查清楚,按法律程序办。"聂荣臻说:"我们一定严肃处理,绝不宽恕!"这位干部如梦方醒,赶忙说:"我一定吸取教训……愿意接受党给的任何处分……"这位干部后来受到应有处分。

陈云也曾指出:"起初是干革命来的,以后是革命加做官,既革命,又做官。后来官越做越大,味道也越来越大,有人就只想做官,不想革命了,把革命忘光了。"(《陈云文选》第二卷,人民出版社1984年版,第231页)

2011年2月新浪网有篇短文谈到,一些官员吃饭喝酒,大摆排场。一顿饭能够吃掉一个大学生4年的学费,一个小学一年的经费,这样下去得了吗?托人办个事儿动辄就是几万、十几万的送,为暗箱操作留下空间。有些城市楼堂馆所奢华，官员的一些会议安排在星级豪华酒店召开。

2012年2月7日《人民日报》报道，据统计，从新中国成立至今，我国出台的相关禁令多达上百项。相关部门对于公款吃喝消费的规定越来越细，但"言之谆谆，听之藐藐"，吃喝之风却有日趋泛滥、蔓延之势。

近些年，一些干部"道德滑坡"，被群众戏称为："三五"牌干部：想的是"五子"登科（票子、房子、车子、位子、儿子）；做的是"五毒"俱全（吃、喝、嫖、赌、抽）；散发出来的是五种味道（铜臭味、烟酒味、官腔味、洋奴味、香水味）。有的干部是民未富而先暴富，经济未发展消费已超前。

我们不能只想在前人创造的物质文化成果上坐享其成，满脑子金钱万能，绝不能放纵欲望，贪恋享乐，"尽情潇洒"，挥霍公家的钱财。邓小平一再告诫全党："中国搞四个现代化，要老老实实地艰苦创业。我们穷，底子薄，教育、科学、文化都比较落后，这就决定了我们还要有一个艰苦奋斗的过程。"

艰苦奋斗是我们共渡时艰的传家宝，是党的优良传统和政治优势，也是保持党的纯洁性的基本要求，是我们心灵上的"防腐剂"，是战胜诱惑的"护身符"。保持和发扬艰苦奋斗、艰苦创业精神，可以使人的思想道德达到公而忘私、淡泊名利、吃苦在前、享乐在后的境界，就能够抵御封建主义和资产阶级腐朽思想的侵蚀，永远保持马克思主义的本色和无产阶级的战斗风格。

新中国成立60多年，可以说是靠艰苦奋斗发展壮大、成就伟业的。龙骧虎步山河壮，荆艳荷开万木妍。谁言东亚太落后，惊叹崛起有黄人。半个多世纪的沧桑巨变，我们走过了外国人往往要几百年才能走完的路，并给中国带来了几百年所没有的巨大变化，创造了中华民族发展史上最辉煌的业绩，谱写了中国5000年历史最为辉煌的奋斗史诗。

美国耶鲁大学教授莫里斯·迈斯纳曾经指出：毛泽东时代"在物

质资源最贫乏的基础上,在充满敌意的国际环境中和极少外援的情况下,中国在1/4世纪的时间内把自己变成了一个主要的工业大国",成为世界第六大工业强国。一个充满生机的社会主义中国巍然屹立于世界东方,一幅异彩纷呈的现代化图景展现在神州大地。

就拿钢铁工业来说,旧中国从1890年张之洞创办汉阳钢铁厂,到1949年漫长的59年,仅产钢760万吨,不足现在一个鞍钢一年的产量;1949年全国仅产钢15万吨,比现在全国一天的产量还要少得多。铄今震古刮目看,蓝色黄金铺神州。到1996年,我国钢产量已超过1亿吨。从6000万吨增长到1亿吨,美国用了13年,而我国仅用了7年!

半个多世纪以来,我们幅员辽阔的共和国,各条战线涌现出许多英雄模范人物,成为一面面火红的旗帜,引导和激励人们披荆斩棘向前进。

在全国解放前夕,多难的鞍钢遭受了日本帝国主义毁灭性的破坏,又遭受到蒋匪军7次破坏和抢劫,厂区已是一片废墟。日本人说,鞍钢修复,需要美国的设备,日本的技术,至少要20年。你们外援无路,内力空虚,看来,鞍钢这片厂区只能种高粱。以老英雄孟泰为代表的鞍钢人,并没有屈服,在党的领导下,在全国人民的支援下,铲除了厂区一人高的野草,赶跑了矿洞里成群的野兽,在废墟上重建鞍钢,在短短的时间里,就使矿山腾升起爆破的硝烟,使平炉流淌出金色的钢水。1953年年底,鞍钢"三大工程"奇迹般地竣工投产,毛主席写信祝贺。在重建鞍钢的岁月中,人们不会忘记,当工地上极为缺乏器材时,第一个跑遍十里厂区回收零件,送来"及时雨"的,是孟泰;1950年,高炉铁口两次爆炸,第一个登上高炉危险地带,探查事故原因的,是孟泰;当美帝国主义出动飞机狂轰滥炸到鸭绿江边,传来空袭警报的危险关头,第一个手提管钳,奔向高炉,警惕守卫高炉,"守炉餐伴炉眠",誓与高炉共存亡的,还是孟泰。

艰苦奋斗4个大字闪耀着光芒,给我们以无穷的力量,激励我们顽强进取、百折不挠,战胜艰难险阻,走向胜利和辉煌。艰苦奋斗精神是我们取得辉煌胜利的重要原因，也是思想道德修养的应有之义。

艰苦奋斗在新的历史条件下仍然是我们党的优良传统和光荣本色，是中华民族之魂的组成部分，是我们不可须臾离开的宝贵精神财富，是克服困难、战胜风险的思想基础和精神动力。建设中国特色社会主义事业，实现中华民族的伟大复兴，是一个漫长的历史过程，需要多少代人前赴后继的艰苦努力，尤为需要一种艰苦奋斗的精神。尽管形势和条件发生了变化，但艰苦奋斗的好传统不能丢。越是改革开放和发展社会主义市场经济，越要弘扬艰苦奋斗的精神。如果我们丢掉了艰苦奋斗的政治本色，奢侈浪费，贪图享受，那就势必损害党的声誉和威望，势必动摇党的执政地位。

所谓艰苦奋斗，首先就是奋斗。共产党的哲学就是奋斗哲学，就是要努力为社会多做点事情，多出点业绩。其次是不计条件，不怕困难大。

在改革开放新时期，艰苦奋斗的基本内涵，不仅表现在生活上勤俭节约，节制不合理的消费，反对脱离国情、脱离生产力发展水平的高消费和奢侈浪费，更重要的是指为了实现伟大目标而不怕艰难困苦、奋发进取的创业精神。包括有崇高的理想和坚定的信念，树立正确的世界观、人生观和价值观；有强烈的事业心，有勇于献身的巨大热情和创造力，居安思危，发奋图强，艰苦创业，勇挑重担，开拓创新，任劳任怨；有节俭的生活习惯，量入为出，克勤克俭，适时消费，节约资源。

提倡艰苦奋斗，永葆艰苦奋斗的本色，要加强自身修养，自觉反省自己的言行，经常考虑自己的消费行为是否积极健康，是否勤俭节约，是否淡忘了吃苦精神，不愿吃苦、不想吃苦，思安逸、图享乐、求快活，是否与民争利，与老百姓比享受，经常自我提醒，不断激励自己，尤其应坚持做到在无人监督、无人知晓的情况下，也要恪守信念，砥砺名节，严格自律。要牢固树立艰苦奋斗的思想，保持"先天下之忧而忧、后天下之乐而乐"之志，在工作中不怕困难和挫折，不惧风险与挑战，顽强拼搏，呕心沥血，勇于吃苦，攻坚克难，多作贡献。

共产党人的"特殊"之处，就在于能够超越一己之私利，把自己的一切无私地献给党和人民，不索取任何特权，不做有悖于共产党员称号的劣行。每个领导干部都应将人生目标指向更高远的境界，明确自己肩负的责任，为人民掌好权，用好权。周恩来曾经对一些干部子弟说过："你们的父辈为人民流过血，立过功。但他们是无产阶级的战士，既没有什么遗产留给你们享用，更不会留给你们任何特权。"每个党员干部都应增强抵制腐朽思想侵蚀的能力，过好权力关、名利关、美色关，将自身融入为人类造福的伟大的共产主义事业中去。

不断增强艰苦奋斗精神，提高自身实践能力，是一个长期的过程，是年轻干部加强修养、弘扬良好作风的一个重要方面。不少年轻干部出身优越，出自高校门，成长在机关，他们有一个共同的短处，就是没有吃过苦，缺少解决基层实际问题的经验，缺少艰苦复杂环境的历练，没有真正体验过生活的艰辛，缺乏对艰苦环境的感同身受，缺乏对意志毅力的锤炼，也缺乏对基层职工群众的感情。

人民网·中国共产党新闻网推出一项调查：93.3%（1853票）的网友认为"目前大多数年轻干部工作经历偏单一"；43.1%（1095票）的网友认为应"在多岗位和一线的实践中锻炼年轻干部"。

习近平说："在实践中培养锻炼年轻干部，尤其要注重在基层一线的实践中培养锻炼干部。大量情况表明，有过一定基层工作经历的干部，做群众工作的能力、处理实际问题的能力、应对复杂局面的能力都相对较强，从他们中选拔干部进入上级党政机关，在制定政策、开展工作时能够更了解实情，更符合实际。唐代张九龄确立过一个选官原则：不历州县不拟台省。意思是说，没有在州县任职的经历，就没有担任省和中央官员的资格。这个原则现在仍然很有借鉴意义。"

年轻干部应着眼于本职岗位的特殊性，从出色完成领导交付的具体任务出发、从所处的特殊工作环境出发、从自身存在的不足出发，来思考如何加强自身的党性修养。要树立强烈的自我锻炼意识，自觉地把完成工作任务的过程，当做自我锻炼的过程，当做苦练领导工作基本功、提高本领的过程，先于和乐于承受一般群众承受不了的艰苦工作、艰苦环境和艰苦待遇，比群众多吃些苦。

艰苦环境的经历，对一个人的成长是一种财富，也可以说是给予了你成长的条件和机遇。烈火炼真金，实践长真知。年轻干部要在"游泳中学会游泳"，在摸爬滚打中增长才干。要到基层去，到艰苦的地方去，到情况复杂、矛盾突出的地方去，在千头万绪的工作中抓住主要矛盾，在错综复杂的现象中把握本质，在突如其来的情况面前沉着应对，在急难险重任务面前勇挑重担，磨炼意志品质，不负历史使命。

非我当者是吾师

—— 兼听勿塞

由于受客观事物的复杂性和认识的局限性之影响，有时决策会出现难以取舍，或出现偏差，乃至失误。解决好这个问题，使作出的决策经得起实践的检验，就应当而且必须广开言路，听得进顺耳之言，也听得进逆耳之语，丰富自己的思维，完善决策的思路。

兼听勿塞，体现了领导干部良好的修养和民主作风。马克思指出："真理通过论战而确立，历史事实从矛盾的陈述中清理出来。"单凭个人经验、凭想当然办事，对部下和群众提意见不耐烦和反感，偏听偏信，是缺少民主作风的表现，没有不出错、不失败的。

恩格斯说，任何一个身居高位的人，都无权要求别人对自己采取与众不同的温顺态度。让人讲话，这是毛泽东针对党内一些领导人专制作风和压制民主现象多次强调指出的问题。他在1962年在扩大的中央工作会议上的讲话里，一连三次强调要让人讲话，可见他对当时克服专断作风、必须发扬民主的决心。邓小平说，各级领导同志要善于倾听反面意见，倾听不同意见，度量要大一些，要能容人。

有差异的思想碰撞，才能产生真理的火花，而权力不等于真理。只有在"不同"的基础上形成的"和"，才能使言路畅通，才会产生1+1>2的合力，进而使事业兴旺。

东汉王符《潜夫论·明暗篇》云："君子所以明者，兼听也；其所以暗者，偏信也。"偏听不聪、偏听生奸、偏听产乱，乃是古训。

励精图治之君，繁荣昌盛之世，无不竭诚待下，从谏如流；无不直臣盈庭，竞献其策。昏聩残暴之君，无不偏听偏信、拒谏专行，导致奸臣当道，国之衰败。

李信是秦国年轻的将军，曾率数千人攻逐燕太子丹，并生擒之。他接到战令后，率领20万大军，轻敌冒进，孤军深入，被楚军连破二阵，逃回秦国。

秦王嬴政勃然大怒，此时他才知道为何王翦要用60万大军来攻打楚国。于是，他骑着马，从咸阳跑到王翦的老家平阳，一进王翦的家门，就向他道歉："寡人没听从将军的计谋，轻信李信，铸成大错。现在楚军每日向西进军，将军虽然卧病，难道忍心弃寡人于不顾吗？"王翦说："若非要用老臣，仍需60万大军克敌。"始皇允诺。

王翦到楚国之后，一开始下令按兵不动，休兵一年。等楚国军队的锋芒减弱了，王翦突然出兵，把楚军打得溃不成军，楚国灭亡。

《东周列国志》、《中华野史镜鉴》都讲了齐客茅焦冒死进谏的故事。秦始皇礼贤纳谏，抓住了千载难逢的机遇，于是"宝剑出鞘暗寰宇，英雄横世扫天下"。

下属提意见、建议，无论对错，都应侧耳倾听，因为倾听本身就是一种姿态，一种鼓励。"观于明镜，则疵瑕不滞于躯；听于直言，则过行不累乎身"（三国魏王粲《仿连珠》）——用明亮的镜子照自己，污垢斑渍就不会留在身上；倾听坦率正直的批评，错误的行为就不会使你遭受罪责。

诸葛亮有言，为政之道，务必多闻。意思是治理众人之事，必须广采博听大家的意见。学会兼听、闻过则喜，是官德意识的具体体现，是能够改正缺点错误的关键环节，因为从内心意识到自己身上有许多不足、许多毛病，而不是文过饰非、固执己见，并随时准备改正，不断提高自己的素质，才能从内心欢迎和感激别人的批评，及时而迅速地改正自己的缺点和错误。

隋炀帝在历史上恐怕称得上是"拒谏之最"了。炀帝有才华却骄矜自负，拒绝谏言，憎恨进谏之人："有谏我者，当时不杀，后必杀之。"

"威灵赫奕人无比，万国云从仰帝聪"。隋炀帝游江都，奉信郎雀民象、王爱仁因各地暴动，先后上表谏不宜巡游，请还西京，都被斩。于是朝廷大臣不敢进谏了。"乘兴南游不戒严，九重谁者谏书还？"隋炀帝独断专行，拒谏杀谏，使"臣下钳口"，终于招致杀身之祸。

唐太宗在位23年，拥有开阔的视野、过人的智慧、宽厚的胸襟和缜密的决策，最主要的原因，是他能虚怀纳谏，勤于读史、善于用史、以史为鉴。唐太宗将其历史教训铭刻在心，礼贤下士，坦诚为人，从谏如流，很少有决策失误。这是唐太宗从政最可贵的特点。

《资治通鉴》载："上问魏征曰：'人主何为而明，何为而暗？'对曰：'兼听则明，偏信则暗。昔尧请问下民，故有苗之恶，得以上闻……秦二世偏信赵高，以成望夷之祸，梁武帝偏信朱异，以取台城之辱……'"

一天，唐太宗读隋炀帝写的文集很有感触："我看炀帝这个人，学问渊博，也懂得尧、舜好，桀、纣不好，可为什么还干出那么多荒唐事来呢？"魏征答："身为皇帝，要治理好偌大一个国家，光靠他一个人的聪明渊博是不行的。隋炀帝自恃才高聪慧，盲目狂傲，打压群言，自塞门路，说的是尧舜的话，干的是桀纣的事，所以就稀里糊涂地自取灭亡了。"

唐太宗问："那朕该怎么做呢？"魏征说："治理天下的人君，只要能多倾听臣子的意见，虚心采纳下面的意见，那么下情就能上达，他身边的亲信要想蒙蔽他也不可能了。"太宗连连点头："爱卿说得多好啊！"魏征还引用荀子的话告诫太宗："君主似舟，百姓似水，水能载舟，亦能覆舟。"又说："居人上者，其身正，不令而行；其身不正，虽令不从。"这些语重心长之言，让唐太宗铭记和践行了一生。

《旧唐书·刘洎传》载，唐太宗曾对苑西守监穆裕发怒，命令在朝堂之上将他处斩，皇太子急忙进言劝阻。太宗对司徒长孙无忌说："人与人长期相处，自然互相影响。自从我治理天下以来，魏征、刘洎、岑文本、马周、褚遂良等人能匡正我的过失。皇太子自幼在我身边长大，经常看到我愉快地接受意见，以往的影响培养了他的品性，所以今天能进言规劝我呀。"

《帝范》载，仆役奴婢说得对，也不能不听取；王侯将相说得不对，也不一定接受。听说的符合大义，不问言辞是否恰当；所讲的符合正理，不论文字是否华丽。至于朱云进谏攀断殿上栏杆，汉成帝保存断栏作为警诫；魏文帝不听辛毗劝谏挥衣离坐，暴露了自己的错误。

武则天，名武曌，中国历史上唯一的女皇帝。唐高宗时为皇后，唐中宗时为皇太后，后自立为武周皇帝，705年退位。她善治国、重视延揽人才，首创科举考试的"殿试"制度，而且知人善任，主政期间，政策稳当，兵略妥善，文化复兴，百姓富裕，有"贞观遗风"的美誉。

武则天为人处世，有其独断专行的一面，也有宽宏大量、与人为善、不计私愤的一面。据记载，武则天登基后不久，一个叛臣的女儿名叫上官婉儿，出于父亲被杀的仇恨之心，当着武则天的面写了《剪彩花》诗文，最后两句是"借问桃将李，相乱欲何如？"意思是说：你这个不检点的女人，夺了男人的权，乱了伦理道德，要走向何处去？但是，武则天却没有因此而迫害她，反而把这种指责视作是对自己的一种警策，并进一步认为，治政非常需要这种专门找岔子的人。

武则天用人不计门第，不欺无名，不避仇怨。她把上官婉儿召到自己身边，让她从事监督自己的工作。骆宾王也曾攻击过武则天，不仅没有受到打击报复，反而被视为难得的人才，受到重用。

宁听微词，闻过则喜；不要霸道，谨防危机。陈毅曾说过："道吾好者是吾贼，道吾恶者是吾师。"应防止听取群众意见不经心、浮躁、傲慢、偏信，虽入耳而不入心；摒弃"爱吹不爱批"的庸俗之气，奖励敢于坚持真理、主持正义、勇于担当的好同志；对于一味顺从、从不提意见的下属，予以批评和处罚。

为了提升兼听的能力,应摒弃前嫌,重视"谏"的内容,不能因为与提出意见者有过矛盾而摒弃其意见。列宁明确指出:在这些统一的组织里,应当对党内问题广泛地展开自由的讨论,对党内生活中各种现象展开自由的同志式的批评和评论。邓小平有句经典的话语:"一个革命政党,就怕听不到人民的声音,最可怕的是鸦雀无声。"(《邓小平文选》第2卷,第145页)邓小平指出:在党委会里面,应该有那么一段时间交交心,真正造成一个好的批评和自我批评的空气。"兼听则明,偏信则暗"。能够虚心听取各方面的意见和建议,真诚接受批评,既是领导干部的工作风度,也是一种思想道德的修养。只有具备这种修养的人,才能防止出现自以为是、搞一言堂、不让人批评的现象发生,才能疏通言路,集思广益,公正处事,科学决策。

领导干部是人民的公仆,不存在官尊民卑的问题。所以,对群众的批评不能有逆反心理,不能名义上欢迎,实际上不理不睬、推诿扯皮,而是应以"闻过则喜"的态度,愉快地接受,严肃认真地加以改正。否则,直面批评会变成私下非议,离心离德。

领导干部大都有权,你身边和周围往往有一些讨好、拍马的人,遇到这种境况,不要自我感觉良好。资本主义国家的一些政府首脑、要人为了维护其统治,也懂得听取不同意见包括反对意见的道理。美国国务卿的布热津斯基说过这样的话:"在总统身边,有几个敢于提出不同意见敢于进行争论的人,要比只有一种声音好得多。"如果你的身边和周围常有敢于提出不同意见的人,敢于与你据理力争,恰恰说明你是一个虚怀若谷的人、兼容并包的人,而且可以拓展思路,修正过错,提高成功概率。

毛泽东创作诗词,虚心接受学者们的意见和建议。解放初期,我国出版发行了毛泽东的二十五首旧体诗词后,山西大学历史系罗元贞教授非常喜爱,反复吟诵。当读到《七律·长征》时,感到里面有两个"浪"字,似乎有重复之嫌,不如把"金沙浪拍悬崖暖"中的"浪"改成"水","悬"改为"云",这样可能更好,于是罗先生在给毛泽东的贺年信中,附带地提出了这个问题以咨请教。

毛泽东接到信后,予以修改。并复信给罗先生:"元贞先生:1月1日来信收到,感谢你的好意。此复毛泽东。"(《跟毛泽东学智慧》,红旗出版社,第284页)

领导者鼓励和欢迎部下和群众与领导平等对话,提出不同意见,拿出几套方案,平等讨论,互相启发,可谓"水尝无华,相荡乃成涟漪;石本无火,相击而发灵光"。透过别人的眼睛看世界,尊重多数人的意见,虚怀兼听,察纳雅言,融会众人智慧,实行民主集中制,将大家的真知灼见融合在民主决策和工作进程之中,才能不被蒙蔽,下情上通,政治清明。当领导只有善听部下、群众的批评意见,部下和群众才会把你当自己人,对你讲真心话,紧随你为党的事业不懈奋斗。如果偏听偏信,只爱听赞成的话,不爱听反对的话,就会阻塞言路,造成政治昏暗,必然万马齐喑。

总将谨慎伴我行

——谨言慎行

"居高声自远,非是藉秋风",出自唐代诗人虞世南的咏蝉诗,是说蝉声远传,并非借助秋风,而是"居高"所致。领导干部身居高位,一言一行都会在一个单位乃至一个地区产生一定影响。因此,说话要"慎言",切忌口无遮拦,信口开河,政令不能朝令夕改;凡事要"慎思",三思而后行;有权要"慎用",不可滥用职权;无人监督的时候要"慎独",不发生不检点的行为。领导干部秉政需要谨慎的地方很多,要将谨言慎行伴随一生。

人与人之间的关系复杂,局内人和局外人都往往难以知道事情的真相和来龙去脉,因此,不可因片面观察而在背后评论,不要凭主观猜测去乱说一顿。

在一些场合,话多不如话少,话少不如话好。宋代朱熹有言:"辞达则止,不贵多言。"尤其是比你强的、陌生的、有经验的、有见解的人在座时,你说多了,便暴露出自己的弱点和愚蠢。

切忌乱开口,说出口的话要合乎于情理。墨子曾教诲子禽不要说话太多,否则就像池塘里的青蛙,整日整夜地叫,却不为人注意。而公鸡虽只在天亮时啼叫,却一鸣惊人。

宋代吕本中《官箴》云:"当官的人应当遵循的原则,只有三项:第一要清廉,第二要谨慎,第三要勤政。"清代金缨说:"修己以清心为要，处世以慎言为先。"西方有句谚语："上帝之所以给人一个嘴巴，两只耳朵，就是让人多听少说。"慎言，不仅可以让自己不做话语的奴隶，还可以让自己获得尊重和威仪。

做人与处世，如不谨慎，有时会招来麻烦，办不成事。一个处事谨慎的人，必然是头脑清醒的人，必然在大是大非面前不糊涂，可以让自己少犯错误，从容地获得机会。谨慎还是远离危险，确保安全的良方。谨言慎行，是稳操胜券的基础。

《宋书·傅亮传》说："慎终如始，则无败事矣"，并用实例加以论证——周文王处事小心谨慎，《大雅》中歌颂他有福气；子路好勇无谋，冒险涉水过河留下痛苦的箴言。《虞书》有谨慎自身的赞美。

在官场和日常生活中，经过深思熟虑后说话，把话说得有分寸、很得体，无疑是重要的。说话要用脑子，不要只顾一时痛快、信口开河。以为人家给你笑脸就是欣赏，没完没了地把掏心窝子的话都讲出来，结果让人家彻底摸清了家底，还得偷着笑你。

一些领导者忌讳下属自表其功，自申其能。当年刘邦问韩信："你看我能带多少兵？"答曰："陛下带兵最多也不能超过十万。"刘邦又问："那么你呢？"韩信说："我是多多益善。"本来疑心就大的刘邦听到韩信说他不行，怎么能不耿耿于怀？

很多事成也在嘴，败也在嘴。平时一定要把好门，否则会给自己带来许多麻烦。时时处处以党和人民的利益为重，有碍团结的话不说，有违原则的话不说。

无论身处哪种场合，话说得好，小则可以讨喜、动人，大则可以保身、改变命运。话说得不好，小则树敌、伤友，大则丧命、丢掉江山。

清代那彦成说过："鹰隼入云睐所向，骐骥得路慎于平"。——勇猛、刚烈的鹰和隼都能展翅奋飞，翱翔入云，势不可当，但仍明睁双目，高度警惕，认清方向；赤色的骏马即使在一马平川上昂首飞奔，也要谨慎和稳重。

沉默是金。狭义的沉默就是徐庶进曹营——一言不发。广义的沉默则是不通过言语，而是综合运用目光、神态、表情、动作等各种因素，或明或暗地表达自己的思想感情。

曾国藩居高位、掌大权长达32年，其成功的重要原因，在于谨慎。他主张"言不妄发"、少说多做，"法桃李之不言"。他认为有才干的人不宜像孔雀那样，遇见围观的多了，就开屏展示自己的美丽，要忌表现、不贪名、不居功。

据载，曾国藩和他的弟弟曾国荃带领军队经过9年苦战，把太平军镇压下去了，受到朝廷的重奖，家里厅堂上摆满了赏赐的奖品。

然而，他深知"飞鸟尽，良弓藏；狡兔死，走狗烹"的道理，功高名大加剧了他的恐惧。一方面慈禧太后对他疑心重重，另一方面手下也的确有人想怂恿他夺取皇位，他只得处处小心行事。他还写了一首诗，劝诫他的弟弟："左列钟铭右谤书，人间随处有乘除。低头一拜屠羊说，万事浮云过太虚。"

诗的大意是说，得了皇上赏赐更要小心谨慎。我家中厅桌上左边摆着皇帝赐给的钟铭，右边陈列着攻击我有夺权野心的书信，为的是提醒自己不要居功自傲。一个人有功就有过，人世间的祸福得失是很难说得清楚的。还是虚心地拜古代的屠羊说为师吧，功过得失会像过眼烟云一样消失，又有什么值得计较的呢？

做人与处世，如不谨慎，有时会招来麻烦，办不成事。有些失败或灾祸是从自己言谈中招来的。一个处事谨慎的人，必然是头脑清醒的人，必然在大是大非面前不糊涂。谨慎还是远离危险、确保安全的良方。谨言慎行，是稳操胜券的基础。

经过深思熟虑后说话，把话说得有分寸、很得体，无疑是重要的。你到领导的办公室，说话太多不行，领导会不高兴，别人会误会；你与下属该说话时说得太少也不行，下属会觉得你瞧不起人。

成功人士成功的重要原因，是在说话时把握分寸，把话说得恰到好处。周恩来生前多次在外交场合，以他那高雅潇洒的气质、和蔼可亲的魅力、不卑不亢的风度、语言分寸的掌握、击中"要害"的技巧，赢得了世人的赞誉。

要想把话说得恰到好处，卡耐基强调最重要的一点是把握住说话的时机。不该说时说，叫急躁，该说时却不说，叫隐瞒，不看对方脸色变化便贸然开口，叫做闭着眼睛瞎说。这三种毛病都是没有把握住说话的时机。说话时机是由说话的时境提供的，即由说话时的自然、社会、心理、语言等诸多环境提供的。

对上级领导，在社交场合不宜毕恭毕敬地说些奉承话。对晚辈或地位比较低的人，也不要用轻视、冷淡的口吻说话。要使谈话活跃气氛产生好的效果，可选用一些幽默风趣的语言，或讲一些笑话。

1923年，美国总统哈定去世，由卡尔文·柯立芝继任。柯立芝入主白宫期间谨言慎行，比以往的任何一位总统说的话都少。他处理工作的时候言简意赅，经常只是三言两语；不到非说不可的时候，则一言不发。因此，人们给他起了一个绰号——"沉默的总统"。他认为："人思考得越少，话就越多；人思考得越多，话也就越少。"他信奉的座右铭是："做事要积极，说话要慎重。"

美国总统尼克松在《领导人》一书中说："夸夸其谈的人往往最后显出本色是思想最浅薄的人。对于希望成为领导者的人来说，一条有益的规则是，只要能由他自己选择，就要少动口，多动脑。"

争吵中没有胜利者。一旦发生争吵，不要非争上风不可。即使你口头胜利，你又树了一个对你心怀怨恨的人。如果你真想使问题得到解决，就绝不要采用争吵的方式。

"来说是非者，便是是非人"。在闲谈时议论是非，张扬别人的错误，使对方难堪、尴尬、伤自尊，造成同志间不愉快、隔阂乃至怨恨。为逞一时之快，把不该说的话说出来，容易授人以柄。不顾后果的颐指气使，不负责任的传播谣言或小道消息，很有可能给自己惹来麻烦。凡事适可而止，公平对待每一位同事，避免建立"小圈子"。

老子说："豫兮若冬涉川，犹兮若畏四邻。"领导者要像冬天涉水过河那样小心谨慎，像防备邻国进攻那样警觉戒备。在工作顺利、取得业绩时,要头脑清醒,居安思危;在遇到困难、经受挫折时,要看到光明,充满信心。韩非子说过:"谨慎地办理政事,听从自然规律的安排,不丧失执政大权,这才算得上圣人。"聪明人要善于自我节制,话不可说尽,势不可用尽,便宜不可占尽。

公元前589年,晋、鲁、卫、曹四军结成同盟,向齐国发起进攻,国君齐顷公险些当了俘虏。这场战争完全是由齐顷公戏弄使臣引起的。——两年前,四国使臣(都有点生理缺陷)一起访问齐国。齐顷公让人找了独眼龙、秃子、瘸子、罗锅,让他们对号入座,分别为4位使者驾车,经过萧太后居住的楼台时,萧与宫人启帷观望,哈哈大笑。四位使者受此侮辱,当即歃血为盟,伐齐报仇……

据史载,隋炀帝第一次进入甘泉宫时,认为有一美中不足之处,即庭园中看不到萤火虫。于是隋炀帝把个人喜好作为旨意,下令捉一些萤火虫来代替灯光。一令即出,负责的官吏动用数千人去捕萤火虫,最后捕捉了五百余车的萤火虫。此等小事演变到如此程度,若是大事,更不知道有多大影响呢。为政又怎能不谨言慎行呢?

征高句丽之战,历来被多人认为是"毫无必要的征讨"。公元611年,隋炀帝以高丽不遵臣礼为由,下诏征讨高丽,以惨败告终。唐太宗世民英明一世,可唯独在征高句丽一事上,因轻率而铸成大错。太宗晚年,他命四川等地伐木造船,以备征高句丽之用,结果造成山民暴乱,唐朝动用了数万大军,费了几个月才将起义军镇压下去。英明的唐太宗差点走了隋炀帝杨广的老路。

"慎在于畏小。"——谨慎最重要的是要注意细小的事情。行谨则能坚其志,言谨方能崇其德。100 - 1等于99是个数学概念,而在言行上往往是100 - 1等于0,这说明1%的失误会导致100%的失败。从某种程度上说,小事不小,小中有大,小事可演变成大事,"细微苟不慎,堤溃自蚁穴"。

有的领导有点"软的欺,硬的怕",喜欢得寸进尺,侮慢了别人,别人不予理睬,反倒认为别人害怕他,更加嚣张。激怒了人家,难免要自讨其辱。凡事不可太过分，不可让人觉得狂。与别人相处要多考虑他人的感受。

人与人之间原本没有那么多的矛盾纠葛，往往只是因为说话不加考虑，伤害了别人的面子，让对方下不来台，引来麻烦和烦恼。

由于看问题角度不同，思维方式不同，谈话的方式也应不同。鬼谷子在《权篇》中说："与聪明的人谈话，依赖于渊博；与渊博的人谈话，依赖于善辩；与善辩的人谈话，依赖于简略；与高贵的人说话，依赖于气势；与富有的人谈话，依赖于高雅；与贫穷的人说话，依赖于利益；与卑贱的人说话，依赖于谦虚；与勇猛的人说话，依赖于果敢；与愚笨的人说话，依赖于锐利。"

如果你想把话说得好，就要自我检查一下，是否话说得太快？是否讲得太慢？是否声音太高而刺耳？是否让人误解？是否含糊其辞？是否用一种高高在上或指责别人或牢骚满腹的语调说话？

在个人成长进步比较顺利之时，在某项工作取得重要进展和突出成绩之日，在有了丰富的人生阅历与经验、能够处理复杂情况之时，在几经风险、战胜险风恶浪之日，一定要保持清醒头脑，谨慎从事，敬以持躬，不要有丝毫的疏忽，切莫只图一时之快，不注意言语的轻重对错，任性而为。

1943年，周恩来在中共南方局所作《怎样做一个好的领导者》报告中谈到："要戒慎恐惧地工作"。他多次谈到"办事不能急躁，不能草率，必须谨慎从事"。

一个人总是受环境及诸多因素制约，说话办事不注意分寸，一意孤行，就要吃亏。有些人在工作、处世方面最常见的不谨慎，就是乱说话。高兴时，得意时，得势时，不看时机，不看场合，不该说的也说，爱说什么就说什么，胡乱地说些不中听的话、不讲分寸的话、违反原则的话、污秽的话，结果带来不好的影响，授人以柄吃大亏。

英国首相丘吉尔起初对美国总统杜鲁门印象很坏，但是他后来告诉杜鲁门，说以前低估了他，这是以赞许的方式表示道歉。

英国著名诗人拜伦在大街上看见一位盲人身前挂一个牌子，上面写着"自幼失明、沿街乞讨"。但驻足观看良久，施舍之人寥寥无几。这时拜伦走过去，拿笔在牌子原话后面加上"春天来了，我看不见"。结果，路上解囊之人渐多。

把话说好，让人接受，要从对方感觉兴趣的事情进入话题。说话不宜过于正统、过于严肃，让人味同嚼蜡。要使用轻松幽默的语言，多取譬喻，创造出宽松愉悦、快乐的气氛。

在工作、生活中，有时会产生误会。误会是指别人对你的看法与你的实际情况不符，是无意之中产生的认识上的错觉。其原因一是自身的言行不够谨慎，言谈行事有欠周到、欠细致、欠机智、欠精明之处；二是对方的主观臆测。出现误会后，必须及时调整自己，搞清原因后，该道歉就应真诚向对方道歉，而不要怪罪对方小心眼，不要碍于情面而往后拖。

有的误会用语言解释不清楚，那么就用行动来证实。如你对知名度高的人进行批评、指责，便会被人认为怀有嫉妒之心。你应注意虚心向其求教，肯定人家的长处，替他讲几句公平话。

鸟三顾而后飞，人三思而后行。说话要用脑子，做事要考虑后果，此乃为人处事之要，这当然不是郑人买履式的唯上唯书，不是自竖藩篱裹足不前。坚持谨慎用权，有如临深渊、如履薄冰的心态，严格按照岗位职责和权力运行的规则办事；不要以为有了权就好办事，有了权就可以为所欲为。要多思、多想、多听、多看、谨言、慎行，其好处是不致使自己后悔，避免对他人的伤害，提高办事成功的概率。

谦卑抱朴走人生

—— 力戒骄矜

事物总是处于兴衰成败的不断变化之中。人一旦染上傲慢之气，就会尝到挫折、失败、不幸的苦果。所以，切莫傲慢于一时的成功，不要陶醉于一时的得意，保持一种谦卑情怀，有一种公仆意识，不可自恃特殊，总是平等待人，礼贤下士，总是兢兢业业，"只顾攀登莫问高"，这是处于优势地位之人所应有的官德修养。

《易经·谦卦》说：谦卑之人能进入对方的心而被接纳，而骄傲的人容易遭到别人的非议和敌视，最终导致失败。保持"傲不可长，欲不可纵，乐不可极，志不可满"，不要小聪明，让自己始终处于冷静的状态，才能成就事业。

老子为"周守藏室之史"（《史记·老子列传》），相当于国家图书馆馆长。老子熟悉历史，知识广博，是一位思想大师。《史记》和《庄子》记载，孔子由衷地称赞老子，把老子比作龙，这既突出了老子学识的深厚，思想的高超，也体现了孔子谦虚豁达的品德。一个是中国哲学的泰山北斗，一个是儒家的万世德宗。

老子认为，有道德的上善之人，有像水一样的柔性。水滋养万物而不与万物相争，有功于万物却甘心屈尊于万物之下，广泛施恩却不奢望报答。

孙叔敖是楚庄王时的令尹，被后世视为列国名相。《列子·说符》

记载：一位名叫狐丘丈人的隐士曾对孙叔敖说："人有三怨：爵高者，人妒之；官大者，主恶之；禄厚者，怨逮之。"

孙叔敖向狐丘丈人道出了自己居高位而避免"三怨"的基本方法：其一，他的爵位越高，越要怀谦卑之心，因而绝不能向布衣百姓颐指气使，盛气凌人。其二，权力越大，越要慎重处事，按照一定的礼仪规范和各种现实要求去处事，力求平稳和妥善，避免了主上的憎恶。其三，俸禄越厚，对民众的施予就越广博，民众也就没有怨恨了。

战国时魏国公子牟曾对穰侯说："官不与势期，势自至；势不与富期，富自至；贵不与骄期，骄自至；骄不与死期，死自至。"因宠而贵，因贵而富，因富而骄，因骄而亡命。这段警示之言，唐代大臣柳泽亦引用过。

楚庄王在位23年，"并国二十六，开地三千里"，称得上春秋诸侯的佼佼者。楚庄王最可贵的一点是胜而不骄。他以商纣王在胜利面前丧失警惕、骄奢淫逸、兵败身亡为教训，教育国人和军队力戒骄傲，最终取得春秋五霸之一的地位。

《聊斋志异》对"官"有个定义，很形象："出则舆马，入则高堂，上一呼则百诺，见者侧目视，侧足立，此名为官。"这段话形容的其实就是我们通常说的"官架子"，亦即气派和排场，显示的是抬高自己、表现自己的虚骄姿态。

有的领导干部骄横跋扈，被权力冲昏头脑，公开以党自居，说你反对我就是反对党。这种官德缺失，产生了不好的影响。

因受价值取向、权力地位、职场陋习因素影响，某些领导干部在面对下属或群众时，自觉不自觉地表现出唯我独尊的畸形强势心态，居高临下，自以为高人一等，个性强悍，心情焦躁，抢别人的话头很正常，别人抢自己的话头则受不了。一旦别人超过自己时，他就会生气，产生嫉妒。"傲慢是一种得不到支持的尊严"（巴尔扎克）。凭借权力，傲人、傲事、傲物，是不成熟的表现，是目中无人的盲目行为，是不自量力的狂妄作风，会使人失去平和的心态，使自己的思维功能不能处在正常状态，导致作茧自缚的尴尬境地，所以骄兵必败。

这种畸形强势心态往往是由盛转衰的转折点。志得意满、恃才傲物、位高权重、拥有强势时，外在压力减轻，容易滋生和助长骄矜心态，由飘飘然而昏昏然。有了骄矜心态，不能正确认识自己，对自己估计过高，自尊心过强，爱用自己的优点比别人的缺点，觉得别人比自己差，老子天下第一，容易刚愎自用，放纵自己，导致决策失误和权力腐败。有了奢侈之心，容易以敛财和猎色为乐，由强势转变为弱势乃至败势。

在与下属的交往中，要时刻防止和克服特权思想，学会尊重下属，保持冷静、理智。当下属对你布置的工作没做好时，不轻易发火，而是耐心开导，多加引导，具体指导；当工作有过失时，不当众指责，而是主动承揽责任；当下属对你有意见时，甚至背后攻击你时，你仍然要大度些，宁可人负我，不让我负人，注重感化，做些润物细无声的思想工作。这样，下属就会感到你真诚可亲，值得信赖。

无论为人，还是从政，都不要把自己看得那么重要。因为你在别人心目中的地位，永远没有自己想象得那么重要，因为你并没有重要到非你莫属、无可替代的程度，因为不管你如何呼风唤雨，多么"好使"，总会有"人走茶凉"的时候。印度有句俗语："没有见过高山的骆驼，总以为没有比自己更高的东西。"殊不知世界上有才干而又谦虚的人多得很，而且根本没有离了谁地球就不转的事。

谦卑抱朴，力戒骄狂，是人生成功的要义。职务提升了、位高权重者未必就是德韶才俊，屈居乡野、青衿终老者未必无德无才。职位高低不一定与品德、才华成正比。恃权、恃才、傲物、目中无人，不管什么场合都要露脸，以为自己高人一等，是做人之大忌。以为自己比别人水平高，比别人才能强，到最后可能会成为不如别人、风光不再的无能之人。要摆正自己的位置，贵而不显，华而不炫。

在踌躇满志、位尊权重、春风得意之时，要比屡遭挫败、穷困潦倒，更需要加强官德修养，以谦抑为上，自我节制、自我调控，筑起抵御骄傲的防线。要消除借权力之威带来的强势心态，时时给自己泼泼冷水，切不可因强而骄，轻慢上级，欺凌同僚，冷待下属。要以宁静平和的心态与人相处，于不显不露中成就一番事业。当打开局面、政绩突出时，多想想别人打下的基础，组织给予的支持，群众付出的艰辛。

冯梦龙的《警世通言》卷三有言："那桀纣有何罪过？也无非倚贵欺贱，恃强凌弱，总来不过是使势而已。"

元末明初，有个叫沈万三的人，在河中打鱼时，得到一只金钵，成为富可敌国的富豪，自恃豪富天下，与皇帝朱元璋斗富，后来被流放到云南。

骄矜之人，往往表现为"官升脾气长"、"官大一级压死人"。古人云："谄上者必骄下，临下骄者必谄上。"骄矜之人常常为自己设立障碍。由于凭恃自己的才能和地位，瞧不起比自己低下的人，因而难以获得他人的好感，岂不是为自己制造了一些不必要的敌人，成为自己的绊脚石？

胜利时得意忘形，头脑发热，行为发狂，是最肤浅的一种情绪。人们常引用西方的那句名言："上帝要让你灭亡，先叫你发狂。"抑制得意的能力表现在，有了好事，取得成就时，不情绪化，不因一时的成功而忘乎所以。世界富豪、美国著名投资家沃伦·巴菲特在谈到自己成功的原因时说："我的成功并非源自于高智商，最重要的是理性。"

骄狂、偏激是为人处世的大缺陷。那种狂妄自大、睥睨一切、好出人头地或自吹自擂的人，往往都是金玉其外、败絮其中的人，也是开始走向下坡之人。位高防权重，功大谨心浮，浮必骄，骄必狂，狂必败。明白了这个道理，就知道哪些该做，哪些不该做，如何取舍，就不会给自己招致失败和烦恼。

保持谦卑，是一种颇有哲理的处世之道。张良能够谦卑对待圯上老人，所以得《太公兵法》。杨时、游酢程门立雪，传为千秋美谈。

明末顾炎武广泛结交有学问有道德的人，虚心向他们请教，并写了一篇《广师篇》。他说："研讨天人关系，信念坚定不移，我不如王寅旭；为充实提高自己，探索深奥和体察精微，我不如杨雪臣；精通三《礼》，成为卓越的经学大师，我不如张稷苦；萧然独立，不染尘俗，自得人生机趣，我不如傅青主……至于在政治上显达，居官位而济苍生，值得称道的朋友，还有很多。"

曾国藩在给九弟的信中说："自古以来讲凶德致败的道理大约有两条：一是长傲，二是多言。……历代公卿，败家丧命，也多是因为这两条。凡是傲气凌人，有用言语表现的，也有以神气凌人的，有面色凌人的。"正如老子所言："以强大自居的人，最后要处在下面；以柔弱自居的人，最后要处在上面。"

法国圣西门说："卑鄙与高傲的动机只会满足愚人、武夫、侵略者、掠夺者的贪欲，人们不应当让这些诱人的饮料麻醉这些自命不凡之徒。"低调做人，你会一次比一次稳健。低调做人是一种进可攻、退可守，看似平淡，实则高深。大度睿智地低调做人，有时比横眉冷对的高高在上更有助于问题的解决。

过于相信自己聪明，往往会导致恃才傲物。时而骄狂，孤芳自赏，表现为语言凌厉，对某方面不如己者，要么不屑一顾，要么恶语相向；以己之长，量人之短，衬人之笨拙。对别人的所作所为和喜欢爱好漠然置之。谁都有自尊心，谁愿意和一个盛气凌人的同事过多、过密地交往呢？自傲者最后只得走向孤家寡人的道路。

为政者应当在事业上有所作为，在品德上注重修养，处于穷困之境而不失节操，遇到挫折之时应防止浮躁，收获成功之际不要浅薄，身居通达之位而不为所欲为，行为举止不逾礼仪，以自己深静和稳重来对待他人的无礼和浮躁。特别要注意防止恃权、恃势、恃功、恃财而无恐，放纵恣肆。

工作有了非凡的业绩，莫忘"山外有山，天外有天"，保持奋发进取的精神状态，防止唯我独尊，恃才傲物，瞧不起他人。有了可恃之功，依仗可恃之才，就变得有恃无恐，胆大妄为，擅自作决定，不执行政策。

行船借风势，可以一日千里，多么快意啊，但是如果太大意，不知在适当时候收帆，会有翻船淹没的灾难。如果处在显要的地位而不时刻谨慎警惕，凭借炙手可热的权势而不加收敛，或早或晚会致败局。

职位高的人应常有"高处不胜寒"之感。因为高处的人掌握了点权柄，如果不加强自身修养，容易自视甚高，仿佛那顶冕旒、那顶乌纱帽赋予了他知识、才华、能力，容易自满得意，张扬炫耀，轻视别人，容易给人浅薄、粗暴之感，招致他人的怨尤妒羡。如果没有如临深渊、如履薄冰的戒惧谨慎心态，那么就会从高处跌下来。

古往今来，有许多才干超群的人，自恃才高，便任性而为，不仅没能立身扬名，反而身陷困境。自负骄横，是一种低劣行为，衰败之气。

无谓的激烈、旁若无人的骄狂，贬低他人，也就意味着自己的渺小，无益于人气。一个骄傲的人，结果总是在骄傲里吃大亏，其命运大抵都不佳，甚至会导致悲剧结局。"骄狂使人易怒，过分时就形成一种癫狂，称为大怒或狂怒"。（英国霍布斯）

自负的人一有机会便自我吹嘘，夸夸其谈，不屑一顾，实际上并没有多少学问，往往是一种作为心灵空虚的补充剂，以维持其虚荣的心理平衡。

按照马斯洛理论，人的需求有五个层次，其中比较高的一个层次就是"受人尊重"。一些领导干部对群众的意见和社会的批评，不是虚怀若谷、从谏如流，而是消极应付、"闻过则气"、"闻过则怨"、"闻过则恼"，甚至"闻过则怒"，压制报复。

清朝开国皇帝努尔哈赤，首先建立了满洲八旗。八旗子弟苦练骑射本领，骁勇善战，所向披靡。可是，随着清王朝的建立和巩固，以功臣自居，依仗自己享有的种种特权，日渐萎靡腐败，文恬武嬉，锐气尽消，很快蜕变成一批只会提笼架鸟之人，没有任何战斗力。

"人之持身立事，常成于慎，而败于纵。"年羹尧曾被视为社稷重臣，立下赫赫战功，得到雍正帝的特殊宠遇。但他后来对内外官员狂傲无礼，在雍正面前，也十分骄横，忘乎所以，最后以狱中自裁告终。

1784 年，乾隆帝喜得玄孙载锡，群臣纷纷祝贺五世同堂。乾隆像打了大胜仗一样异常兴奋，接着就赏赐、设宴，任意挥霍。乾隆本人历次寿辰的庆祝活动也越来越盛大，消费也越来越惊人。

和珅结党营私的事情已暴露多次，乾隆都不加追究，乾隆晚年怠政直接恶果就是和珅专权。随之而来的便是吏治腐败、贪污成风，冤狱增加。

荣耀和光彩使人快意，有时却暗藏着众矢所指，渗透着寒意。自足自满、矜高倨傲，是可怕的陷阱，这个陷阱是自己亲手挖掘的。陈毅说："九牛一毛莫自夸，骄傲自满必翻车，历览古今多少事，成由勤俭败由奢。"

骄傲的人常常自以为是，急于表现自己的一知半解，喜欢张扬自己的成绩，把功劳归于自己，喋喋不休地自吹自擂，而把过失推给别人，这样就无法和大家融成一片，这样下去势必严重脱离群众，成为孤家寡人。俄国克雷洛夫说："蠢才妄自尊大：他自鸣得意的，正好是受人讥笑奚落的短处；他大吹大擂的，正好是应该引为奇耻大辱的事情。"取得成绩、如愿以偿时忘乎所以，与遭到挫折、碰到厄运时垂头丧气，都是一种浅薄和脆弱的表现。

美国开国元勋之一富兰克林，是美国历史上最伟大的人物之一，他的威望甚至超过华盛顿。他有句妙语："一个真正成熟、有智慧的人，深知自己能力的局限，所以丝毫不敢狂妄自大，处人处世永远保持着谦逊与低调。"保持低调的人，思无邪，行无躁，寻觅到清雅的内敛，优美的沉静。

保持谦虚和拥有成就，也许会像鱼与熊掌般难以兼得，但也不是二选一的单选题。只有放下架子，诚恳待人，谦逊礼让，学会低头，才能避免碰头，才能看清楚脚下的路，永远行进在"赶考"路上。

十步之内，必有芳草；十里之内，必有知音。不要以为老人年纪大了而轻视他，不要以为年轻人不懂事而肯定他无才干，不要以为这个人阅历浅、身份低而认为他无能，不要做了星星点点的工作便自满自足起来，要注意收敛锋芒，掩饰才华，切莫自我标榜，太过张狂。要始终保持如临深渊、如履薄冰的心态，有所为有所不为，无愧于组织，无愧于人民，无愧于历史。

斯大林第一次会见列宁，是1905年12月在芬兰坦默福斯举行的布尔什维克代表会议上。斯大林回忆说，列宁在我的想象中是一个身材匀称和仪表堂堂的巨人。当我看见他原来是一个和凡人毫无区别、最平常的、身材比较矮小的人的时候，我是多么失望呵……当我知道列宁比代表们来得更早，躲在一个角落里朴实地同那些参加会议的代表们进行最普通的谈话的时候，我是多么失望呵。……后来我才明白，列宁这样质朴谦逊，这样不愿表现自己，至少是不惹人注目，不摆架子的特点，正是他的最大的长处。

谦卑抱朴是一种智慧，是为人处世的黄金法则。懂得谦卑抱朴的人，临事不张扬，不动声色，每逢大事有静气，往往更易得到人们的尊重和敬佩。苏格拉底有句名言："未经检讨反省的生命，是没有生存价值的生命；我只知道一件事，那就是我一无所知。"英国塞缪尔·约翰逊说："大人物的礼貌是永远不会浪费的。"大师的话，浸透了人生的彻悟，放射出智慧的光芒。

作为一国总理，周恩来深深爱着人民群众。他把自己定位成人民的"总服务员"。在一次外事活动中，有位记者为了抢拍毛泽东与外宾握手的照片，把照相机的长镜头放在了周恩来肩上。拍完照片，发现把总理当成了长镜头的"支架"，十分内疚和不安。周总理却微笑着点点头，似乎是在说：同志，没关系，这有什么呢？周恩来经常提醒身边工作人员："不要只记得我是总理"，"在国务活动时我是政府总理；在党内活动时我是一个普遍党员；在群众活动中我是一个普通的劳动者"。

由于工作关系，周恩来生前到北京饭店的次数特别多。每次去，他总喜欢在饭店内走动，同店里的领导、服务人员见面，打招呼，了解他们的工作和生活情况。饭店里所有职工都对周恩来有一种特殊感情。中南海摄影师徐肖冰说：周恩来与人交往时，并不是把自己当做官，恩赐地去"近人",他发自内心地把自己看做普通人中的一员。

亚洲首富李嘉诚是香港市场诸巨人中少有的出身贫寒者,少有的"常青树"。李嘉诚非常注意自己的一言一行。一次宴请来自内地的企业家,客人一下电梯,李嘉诚站在电梯口毕恭毕敬地迎接他们。接着,李嘉诚谦恭地和每一位来宾握手,亲自带大家前往餐厅。

午餐前,他让每人抽一个签,集体照相和聚餐入席是按随意抽签安排位置的,目的是平等对待每一个人,让每一位受邀者都受到了尊重。午餐时,李嘉诚在每桌坐半个小时,照顾了每桌的客人。宴会结束后,李嘉诚还亲自把客人送上电梯,招手致意。客人们都感慨地说,这才是大家风范啊。

长期执政容易使我们骄傲自满,滋生腐败变质的危险。正如江泽民曾经指出的:"我们党取得执政地位以后,获得了更好地为人民服务的条件,也增加了脱离群众甚至腐败变质的危险。在改革开放和发展商品经济的条件下,这种危险会更大,如果放松警惕,带来的后果也会更严重。"(1991年7月1日《在庆祝中国共产党成立70周年大会上的讲话》)也正如胡锦涛所指出的:"我们完全有理由为党和人民取得的一切成就而自豪,但我们没有丝毫理由因此而自满,我们决不能也决不会躺在过去的功劳簿上。"(2011年7月1日《在庆祝中国共产党成立90周年大会上的讲话》)

觉得自己在很多地方不如人,是进步的开始,也是睿智的象征。只有敢于承认自己不如人,最终才能胜于人。每个人都有自己的优点与优势,也都有自己的弱点与短处,聪明的人应该学会扬长避短。

你越是聪明、越有才华,越要谦虚,切不可张狂。昂头走路时,不可忘记低头看路。即使天时、地利、人和都具备时,即便你的职位较高、"仕途"顺畅时,也要谦虚,不与人争功,不与人争利。即使得志、受宠,仍要保持平静,以柔弱示人,回归到质朴状态。这是一种行为方式,又是一种生存智慧,是成事的切入点。懂得示弱,对每个人都是大有益处的。

越是才华出众，越是应该慎重地处理同上司的关系，多尊重领导，甘心示弱，低调处事，则自会成为长久的赢家，免得"树大招风风撼树"。作为下属，要看到上司的长处，自己在某一方面比较强，却不具备统筹全局的能力。

身份尊贵的人注意防止自傲的苗头，克服骄矜之气，减少或消除对方的逆反或反抗心理。要调整心态，正视自己，摆正位置，尊重他人。把目光多投在对方的闪光之处，对照自己的不足。如此一来，相互之间的交流也就容易得多，也好让人吃下定心丸。

当你位高权重时，要节制欲望，不滥用精力，防止揽权现象，对下属少用或不用强硬的命令。当你取得成绩时，仍要谦卑抱朴，仍要有民主作风，仍要感谢他人，与人分享。这是自身修养的外在表现，是领导干部应有的道德素质。

谦卑抱朴是一种高品位的精神享受，是对人性的继承和超越，不以物喜，不以己悲。不做功名利禄的奴隶，也不为各种烦恼所左右，使自己的人生品位不断得以提高，坚守自己的精神家园，执著追求自己的人生目标。

藏锋若拙成大器

——大智若愚

"大智若愚",是说一个人不必咄咄逼人,藏巧于拙,锋芒适露,不刻意使人知道自己才华,办事留有余地。

追求卓越和超凡出众,是一种积极的人生态度。但锋芒不可太露,如果无视周围环境,一味孤芳自赏或者过于暴露自己的才能和智慧,过分地招摇,对自己极为不利,会显得格格不入,招人厌恶,甚至有可能让人故意与你过不去,容易受到妒忌心极强之人的攻击和排挤,亦即人们常说的"出头的椽子先烂"。

有时候藏锋露拙并非要埋没自己的才能,而是为了保护自己,避免祸端。战国末期,韩国贵族韩非子早年在荀子门下求学,回到韩国没有得到韩王重用。他著书立说,主张社会变革,成为先秦法家思想的集大成者。他的著作流传到秦国之后,秦始皇读了他的《孤愤》、《五蠹》等篇章,极为赞赏,便准备委以重任,邀请他到秦国。但韩非子才高招忌,来到秦国后,被他的同学李斯诬陷,逼韩非子喝了毒酒,屈死狱中。如果韩非子处事谨慎一些,藏锋露拙,等待时机一展抱负,相信他最终并非仅仅只是一个思想家。

做人要把智巧隐藏在笨拙中,收敛锋芒,不显得太聪明,不自命清高,才是聪明之举,才能保护自身不受损害,有利于自己聪明才智的发挥。

孔子最喜欢的弟子是颜回。颜回可谓大智若愚的典型。他给人的印象是：虚怀若谷，宽厚敦和，不露锋芒，有点木讷。其实在"若愚"的背后，隐含着大智慧。

《周易》说："君子藏器于身，侍时而动。""戢劲翮于鹯鹉之群，藏逸迹于跛驴之伍"。孔子告诫："温、良、恭、俭、让"，也含有藏锋的意思。(《抱朴子序》)——收起强有力的翅膀，混迹在鹯鹉群中；藏起善跑的四蹄，与跛脚毛驴为伍。

大智若愚，是领导者的行事规则之一，是智慧的最佳姿态。大智若愚的人用平常的心态来看待各种事情，"失意时抬头说话，得意时低头看人"。在不被重视乃至卑微时，安贫乐道，豁达大度；在仕途顺利乃至显赫时，持盈若亏，不骄不狂。

春秋战国时期，宋国的正考父在被任命为士时，低着头走路；被任命为大夫时，弯下腰走路；被任命为卿时，身体伏在地上，沿着墙边走路。史料虽有些夸张，但正考父的这种做法，值得品味。

《淮南子》说："志弱而事强。""志弱"是一种策略，要"藏于不敢，行于不能，恬然无虑，动不失时，与万物回周旋转，不为先唱，感而应之。是故贵者必以贱为号，而高者必以下为基"。意思是将自己的实力隐蔽起来，有为示无为，聪明装糊涂，若无其事，不置可否，不表明态度，然后静待时机，以一鸣惊人。看似不敢作为、不能作为，也就是高标准、低姿态，给自己留一点余地。

地低成海，人低成王。尤其是处于弱势之时，藏锋若拙是争取主动的不二法门。"虎豹之文来射，猿狄之捷来乍"。(《淮南子·说山训》)——虎豹因花纹而招来利箭，猿猴因敏捷而招来捆缚。《菜根谭》再三复述的君子不可太露其锋芒，不难发现其合理之处。

人们常说："山外有山，天外有天，人外有人"。历史上许多志士仁人、英雄豪杰，看起来大智若愚，大巧若拙，不轻易地暴露和表现自己的才能，常常后发制人，结果取得了成功。

隐藏锋芒，低调处世是一种巧妙的"曲线处世"哲学，亦即"绿叶哲学"。其核心是"不必第一，巧当第二"，尤其适用于组织中的"二把手"或副职。

有一则寓言，讲两只大雁与一只青蛙结成了好朋友。秋天来了，大雁要飞回南方，它们对青蛙说："要是你也能飞上天多好呀。"青蛙灵机一动：它让两只大雁衔住一根树枝，然后它自己用嘴衔在树枝中间，三个朋友一起飞上天。地上的青蛙们都羡慕的拍手叫绝，问："是谁这么聪明？"那只青蛙生怕错过表现自己的机会，于是大声说："就是我……"话还没说完，它便从空中掉下来。

很多时候，过于炫耀自我，压制了他人的表现空间，损害了他人的利益，就会招致嫉恨。锋芒太露是一种喧闹、一种矫揉造作，容易伤害了别人，同时招致嫉恨，也伤害了自己。英国有句谚语："最高的树枝不能筑最安全的巢。"

锋芒太露没饭吃。有的人个性非常倔强，人格又很清高，往往锋芒太露，容易树敌。台湾学者南怀瑾说：凡有才具的人，多半锋芒凌厉，到不得势的时候，一定受不了，满腹牢骚，好像当今天下，舍我其谁？如果我出来，起码可比诸葛亮。有才具的人，往往会有这个毛病，非常严重。

才华犹如一把双刃剑，可以刺伤别人，也会刺伤自己，所以运用起来应当小心翼翼，平时应插在剑鞘里。"真人不露相，露相不真人"，有一定道理。

颜真卿在任平原太守时，安禄山反叛行为已露端倪。颜真卿假托为防连绵大雨，重新修城竣壕，暗中征集壮丁，充实仓，而在表面上又假命文人饮酒作诗。

安禄山秘密侦探，以为颜真卿等都是书生，不足为虑。不久，安禄山发动暴乱，河朔尽失陷，唯有平原有防备。

人应随时随地、恰如其分地选择适合自己的位置，起点不要太高。当自己处于不利地位，或者危险之时，不妨先退让一步，这样做，不但能避其锋芒，脱离困境，而且还可以另辟蹊径，重新占据主动。

真正的强者不等于事事逞强,处处当主角。老子是世界上首位强调"弱"的人。"天下莫柔弱于水",但水至柔而至坚,"攻坚强者莫之能胜"。老子提出的柔弱可以战胜刚强,是个很重要的观点。柔弱的东西蕴含内敛,富有韧性,生命力强,而表面看来强大的东西已发展到了一个限度,发展余地已不大。

老子提出不与人争名争利的人生态度,要求人们顺应自然,表面看似乎吃了亏,实际上能提高自己的道德修养,让自己变得高尚,赢得别人的尊敬。

宁可有为而示无为,万不可无为示有为。本来糊涂装聪明,就会弄巧成拙。老子曾提出"四不":不自见,不自是,不自伐,不自矜。就是不彰显自己,不一味肯定自己,不夸奖自己,不自以为了不起。

有一篇《低调也是一种官德》写道:"山不解释自己的高度,并不影响它耸立云端;海不解释自己的深度,并不影响它容纳百川的胸怀;地不解释自己的厚度,却没有谁能取代它作为万物生长不可或缺的载体地位。"

当你处于强势之时,也要做到不以强凌弱,因为任何人都不能保证自己永远强大。善待弱势之人,也可以赢得人心。

领导者往往具有强者的性格特质,他们都是经过了竞争和奋斗才走上领导岗位的。领导者拥有职位规定的支配权、利益分配的报酬权以及进行惩罚的强制权。在领导者与被领导者的关系中,领导者常常处于主导的、中心的地位,关系强势容易形成领导者的心理强势。强势容易使一些领导者形成强者心态,强者思维。

有的领导讲话喜欢表现自己,口若悬河,颐指气使,显示优越感,从而让人敬佩和认可,但结果却往往适得其反,别人不愿意听,很难接受。无视周围环境,自我炫耀,锋芒太露,显得格格不入,招人厌恶,甚至有可能让人故意与你过不去。

牢记圣贤语,得志须藏锋。切不可把自己看得太重要,动不动就炫耀自己。你不用多表现,大家也知道你是领导。你不必张扬成绩,

"我"如何如何，大家也知道你有政绩。你在职位、收入、待遇上比周围的人优越，别人对你羡慕、嫉妒（和羡慕只有一步之差）、愤恨（和嫉妒只有一步之差）兼而有之。你若炫耀自己，就会把别人的羡慕推向嫉妒，把嫉妒推向愤恨，把畏惧变成轻视。你若炫耀自己，等于竭力证明你比上司强，暗示现在状况不公平，使上司认为你虚荣、浅薄，感到恼火而不加以重用，甚至会毁了自己的前途。

处理事情应当瞻前顾后，考虑周到。否则，就会顾此失彼，造成被动。蝉在尽情歌唱，却不知身后的螳螂已将利爪对准了它；螳螂正暗自高兴，却不知身后的黄雀已将长嘴对准了它；黄雀正暗自高兴却不知有人手执弹弓，正瞄准了它。

如此做人有时比横眉冷对的高高在上更有助于问题的解决。东汉刘昆治郡有方，皇帝问他施行了何种德政，他却说纯属偶然。西汉龚遂也因治郡有方，皇帝问他是什么好方法，他用属下王生之言答曰："这是圣明君主德行的感召。"

大智若愚，礼贤下士，是为政者的一大法宝，是终生受益的美德。一个真正懂得积蓄力量的人，不断积累经验与能力，最后达到成功。

藏锋若拙的人总能获得人脉、赢得人心，而高看、显示自己而旁若无人的人，总会引起别人的反感。吕坤在《呻吟语》中说："气忌盛，心忌满、才忌露。"

唐宣宗未即位前，常常梦见乘龙升天，言之于母，母亲既喜又惊，千叮万嘱："此话不可再说了！"宣宗谨遵母命，甚至连别的话也不敢说了。这被当朝的皇帝看成是有"隐德"，于是竟以皇帝第13叔的身份接了大唐江山。

在交往中，人们总是维护着自己的形象和尊严。如果你显示出高人一等的优越感，总向别人炫耀自己，会使人感到你在向人挑衅：看看！我比你强吧，若不服气，咱们就比一比。这对他人自尊和自信是一种挑战与轻视，对方就会产生自惭形秽的感觉，由羡慕而生嫉妒，产生排斥心理。

人们常常喜欢在某些方面不如自己、对自己没有威胁与挑战的人。人们在交往中寻找的最重要的感觉是放松。那些炫耀自己的人，却把别人搞得紧张不堪，怎么能不遭到冷落和排斥呢？人们往往不愿让自己失败，讨论、回避失败。爱炫耀自己的人，恰恰在提醒你的能力太低，你在这方面落后了，你失败了，不如我。这样一来，会使人们对你产生妒忌和敌意。

李白在黄鹤楼面对崔颢题诗自叹弗如："眼前有景道不得，崔颢题诗在上头！"崔颢的诗作的确一气呵成，意境悠远。一代诗仙的感叹是一种真诚的"示弱"，表现出谦逊的品格和随机应变的才情，既抬高了他人，又为自己赢得了美誉。崔颢如果再次登临黄鹤楼，看到李白的题字，一定会备受鼓舞的。

明王朝的建立，将军徐达功不可没，是"开国功臣第一"。徐达儿时曾与朱元璋一起放过牛。其戎马一生，有勇有谋，用兵持重，深得朱元璋宠爱。但他从不居功自傲。徐达每年春天挂帅出征，暮冬之际还朝。回来后立即将帅印交还，回到家里过着极为俭朴的生活。

有一次，朱元璋对他说："徐达兄建立了盖世奇功，从未好好休息过，我就把过去的旧宅邸赐给你，让你好好享几年清福吧。"朱元璋的旧邸是其登基前当吴王时居住的府邸，可徐达就是不肯接受。朱元璋命人在此旧邸前修建一所宅第，门前立一石碑，并亲书"大功"二字。

成功者不妨说说自己"走麦城"的时候，地位高的人不妨向地位低的人展示自己的弱点，术业有专攻的人不妨说一下自己在其他领域的不足。大智若愚，甘于示弱，低调处事，甚至有些时候显得"傻呵呵"的，大多数人才会接受和喜欢，强者自会成为长久的赢家，弱者能感到人格上的平等，心理上得到平衡。

一个人的功劳只能代表过去，未来的一切都必须重新开始。越是春风得意，越是应该学会大智若愚、低调做人，防止出现骄矜之态。有网友说："大智慧大智若愚，大才华朴实无华。"不可把风头出尽，把风光占尽。放低自己的身段，放下成功者的架子，收敛不羁的言行和轻蔑的眼光，努力夹起自己的尾巴，也许会使身边的人有面子、有尊严。

藏锋若拙意味着得意而不忘形，少出头，少说话，态度谦卑。胡适晚年曾说："凡是大有成功的人，都是有绝顶聪明而肯做笨功夫的人。"放弃了架子，放弃了张扬和卖弄的虚荣表现，就能与大家有更多的机会相互沟通、相互融合。

要适当隐藏自己的锋芒，低调处世，以退缩求前进，这才是立身处世的法宝。藏锋若拙、大智若愚者，总能以平常心面对人群，无论何时何地何种情况，都要保持一颗平常心，宠辱不惊，淡泊名利，随遇而安，在不显山露水中成就事业。

浩瀚胸怀扬子水

—— 雅量容人

雅量、宽容是一种官德，是一种善行，是党员领导干部道德规范的一个重要范畴。宽容来源于善良的心灵。宽容是壁立千仞的泰山，是容纳百川的湖海。

豁达大度，心底无私，是官德修养的高尚境界，也是一种精神上的成熟，心灵上的丰盈。《周易》说："厚德载物。"庄子说："常宽容於物，不削於人，可谓至极！"——如能做到胸襟坦荡，厚道谦和，宽容体谅，而不刻薄地伤及别人，这是一种至高的人生境界。宋代哲学家张载说："察天行以自强，察地势以厚德。"一个人私欲膨胀，心胸就容易狭隘；事事工于心计，不但不会取得真正的成功，而且不会体验到属于自己的满足和快乐。

宽容大度是一切成功人士的共有优点。以宽容为怀，胸中装得下五颜六色的事，容得下各式各样的人，容忍别人的过失，不斤斤计较于细枝末节问题，是一种优秀的品格。李白在《与韩荆州书》中说："人非尧舜，谁能尽善。""大度能忍，方为智者本色"。因此，要用宽容之心对待世间万物，宽厚、友爱、体谅、尊重、换位思考、以德报怨，甚至在必要的时候能够忍耐各种误解和屈辱，不要一叶障目、怀疑、排斥、以牙还牙，更不要搞丑陋的"窝里斗"。

其实，领导者做了错事，也总是渴望别人谅解、包容，不去追究，尽快忘掉。古人云："律己当严，待人当恕。"由人及己，在遇到别人有对不起自己的言行时，应设身处地想一想，多一些理解和宽容，这样才能获得尊重，换来和睦，赢得友谊。

据《三国志》记载，诸葛亮南征孟获时，马谡来送行，建议诸葛亮采取"攻心为上"的战略方针。诸葛亮虚心采纳，对叛乱的少数民族首领孟获等人，没有采取简单的战而胜之的办法，而是七次擒获，又七次放还，终以一颗宽容之心打动了孟获，使其心悦诚服，誓死相随。他征服的何止是一个孟获，而是那一方的民心，是他的美好名声和后人的仰慕之情。

在人际交往当中，如果没有海纳百川的容人度量，是很难容忍别人的某些缺点及对自己某些利益的损伤的。宽容就不会有怨气，和气就不会结仇，忍让就不会受侮辱。为一时一事的小恩小怨而计较，难以释怀，必将因小失大，得不偿失，轻则失去朋友，重则成为众矢之的，陷入孤立无援的境地之中，实在是划不来。

"己所不欲，勿施于人"。不情愿别人苛求自己，也就不应该苛求别人。"将心比心"，"责人之心责己，爱己之心爱人"，就一定能豁达地宽容别人了。

有个文友讲述他的朋友，由于能力强，被他的上司排挤。有时候因他不关水龙头、迟到几分钟的小事，在大会上批评他。多年后，他"咸鱼翻身"，成为公司的财务副总，也成为当年他上司的主管领导。当年的上司一改脾性，每天对他笑脸相迎，早晨殷勤地给他打扫办公室，连倒垃圾的事都屁颠屁颠地效劳。

尊严往往会在生存抑或是利益面前败下阵来，以自己的卑微、自贱衬托和附和上司，以企求上司舍己一点牙慧，能感到活得有尊严、很快活吗？

很多时候，我们面对的多不是什么大是大非的原则问题，没必要针尖对麦芒。退一步，别人过去了，自己也可以顺利通过。宽松和谐的人际关系给我们带来了很多方便，又避免了不少麻烦。

秦穆公丢失了一匹良马，马跑到岐山之下，被当地乡民捉住吃掉了。官吏抓住这些吃马人，准备严惩。穆公不仅赦免了这些人，还赐酒给他们喝。

后来，秦国与晋国在岐山之下交战，秦穆公亲临前线，结果受伤被包围，生命危在旦夕。这时，有300多人突然从远处飞驰冲向晋军，势不可挡，不仅救了秦穆公，还活捉了晋君。秦穆公一问，原来他们都是那些偷吃良马之肉而被他赦免了的人！

能容人、容事，与不同性格、不同层次、不同特点的人共事，不可忽视。如果因一时生气发火或记恨报复，可能会影响挫伤一些人积极性，从而使既定的目标受挫。

淮南王英布因宠姬同侍中贲赫饮酒，称赞贲赫是温厚长者，便怀疑她跟贲赫淫乱。贲赫得知后大恐，称病不出。英布愈怒，想逮捕他。贲赫情急，告发英布谋反，给早想消灭英布的刘邦提供了把柄而讨伐。

有的领导干部公众形象不怎么好，不讨人喜欢，甚至四面楚歌，主要原因是什么呢？恐怕是刚愎自用，自以为是，对别人百般挑剔，对下属随意指责，不给人留面子，伤害人的自尊心，我行我素，苛求于人，把话说绝，不留余地。古人云："快刀割体伤易合，恶语伤人恨难消。"出言不逊者只有自食苦果。处世还是"圆"为好。圆的压力最小，圆的张力最大，圆的可塑性最强。

要避免树敌，需养成不指责别人的习惯。指责对人自尊心有伤害，它会促使对方起来维护他的自尊，为自己辩解，甚至会寻机报复。别人有缺点过失，要婉转地为他掩饰或规劝他，假如去揭发、传扬，那不是在证明自己的无知和缺少官德吗？不是用自己的短处来攻击别人的短处吗？发现某人个性比较愚蠢、固执时，应耐心的诱导和启发。

西汉时期，有位将军韩安国，因犯法而被下狱。监狱官司田甲看他是个罪犯，经常侮辱他。韩安国对田甲说："你不怕我将来再做高官吗？"田甲自恃为监狱主管，主管犯人生死，即反言相讥道："死灰若燃起，我用尿浇灭之！"

果真没几天，皇恩有加，赦免韩安国之罪，并给他升了官。这下田甲可就慌了，匆忙逃走。韩国安当时下令："田甲到我处当官，若不来，即诛灭你的家族！"田甲只好肉袒前往谢罪。韩安国笑着说："你的才能足以在我手下为官。"使田甲感恩戴德，成为韩安国的近臣。

以柔术治理天下的刘秀，对下属很少以刑杀立威。刘秀领兵攻下邯郸，杀死守将王郎以后，缴获了不少文件，其中有些书信是刘秀部下给王郎的。这些人怕刘秀为此惩罚他们，惶惶不可终日。

一天，刘秀把所有的军吏集合在一起，把这些书信当众烧毁。对部下一些小过失，刘秀不予计较；对仇家翻然悔悟，也既往不咎。

赵匡胤很有容人的肚量，表现出了一个帝王应有的自信和大度。他曾经制定皇帝不能在朝廷上鞭打大臣、不准对公卿辱骂、臣下不是谋反和叛逆不得杀戮的祖训。王著原是后周臣子。一次，在赵匡胤召开的宴席上喝醉了酒，突然思念其故主，当众喧哗，群臣大惊。赵匡胤也是后周臣子出身，毫不怪罪，只是命人将他扶出去休息。王著却不肯出去，在屏风后面大声痛哭，被左右硬是搀扶出去。第二天，就有人上奏，要求对王著严惩，赵匡胤没有理会。他说王著只是喝醉了，世宗时候，我就和他同朝为臣，熟悉他的脾气，他一个书呆子，哭哭故主也没什么，由他去吧，终究没有追究此事。

要宽容一般的事，还比较容易，遇到难容的事就需要提倡"糊涂"二字。郑板桥说得好："退一步天地宽，让一招前途广……糊涂而已。"

雅量容人既包含着一种崇高的境界，也蕴涵着一种豁达的心地。明代杨继盛说："宁可我让人，不要使人让我；宁可我容人，不要使人容我；宁可我吃亏，不要使人吃亏；宁可我受气，不可使人受气。别人有恩于我，我终生不忘；别人有怨于我，我及时丢掉。"明代《名贤集》有言："量小非君子，德高乃丈夫。"不因洞察和发现别人的缺点错误而咄咄逼人，不因自己比别人有优势、处理问题比别人高明而盛气凌人。

黄炎培曾给儿子写过四句话："和若春风，肃若秋霜；取象于钱，外圆内方。"就是希望儿子像古铜钱那样外圆内方——对人要宽容和善，像春风一样；对自己要严格要求，像秋霜一样。

富兰克林说："宽容中包含着人生的大道至理，没有宽容的生活，如在刀锋上行走。孩子，如果美德可以选择，请先把宽容挑选出来吧！"这些话无非是强调为人和从政要豁达大度、冰释前嫌，不要斤斤计较、耿耿于怀，应将不如意之事，都看做"没什么"，都付笑谈中。

人们看惯了日出日落、春秋代序，却很难淡化人间的恩恩怨怨。如果你把别人看成是天使，你就生活在天堂里。若把别人看成天使，就要学会宽容、欣赏、感恩、给予。如果你把别人看成是魔鬼，你就生活在地狱里。心胸狭窄，会活得很累：算计别人，又怕别人算计，提心吊胆，神经紧张，容易生病。

胸怀宽广、气宇轩昂之人，有海纳百川的胸襟，以事业为重，不计较个人恩怨，集纳人言的荆棘，融化眉宇的忧伤，蕴藉以柔克刚的坚韧，增添人生的含金量。

邓小平的一生"三落三起"，在政治生活中所遭受的挫折是罕见的，但他具有豁达大度的胸怀，从不消沉。

"文化大革命"初期，邓小平由党中央的总书记变为普通的劳动者，穿着油腻的工作服，手持锉刀，在一个拖拉机修造厂车间里劳动。他在江西劳动的几年时间里，读了不少马列著作，还读了《二十四史》等书籍……邓小平身处逆境，一再遭受打击，毛泽东对此显然是有责任的。但邓小平却始终以党和国家的最高利益为重，不计较个人的恩怨得失，努力维护毛泽东的历史地位，维护毛泽东思想体系。

人都说世上广阔的是海洋，比海洋广阔的是天空，比天空广阔的是人的胸怀。辽阔的大海容纳了惊涛骇浪一时的猖獗，才有浩渺无垠；深邃的天空容忍了雷电风暴一时的肆虐，才有风和日丽。日本有句格言："人生中既有暴风骤雨，又有满天飞雪，但只要自己那博大的心胸中常有一片美丽的晴空，常有希望和太阳普照，那就可以无愧人生了。"

宽容不是与生俱来，它来自对人生对从政的深刻理解，是正确的人生观和世界观的一种反映。只有宽容别人，善待群众，不一味地讲死理儿，才能把自己融入人群，获得他人的信任、谅解和支持，才能调整失衡的心态，解脱孤独的心灵，走出无助的困境，奔向充满希望的未来。

雅量既是一种高尚的官德，又是可贵的精神境界，是思想品质得到净化的结晶。优秀的领导者乃是思想纯正、作风淳朴、胸襟开阔、度量恢弘者，在领导作风上有容人容事的大气量，明于内而憨于外，宽容别人的傲慢，宽容别人的狭隘，宽容别人的无信，最大限度地容人，求大同存小异。这样一来，能吸收各种丰富的知识和经验，而且会谅解对方，解开心结，忘掉怨恨，"奢侈"地享有平和与安静，不会被眼前的鸡毛蒜皮的小事所烦恼。清代朱锡绶说："高峻以拒物，不如宽厚以容物。"

人至察则不明，因为至察的人能见秋毫之末，却容易忽略事物的整体，就可能作出错误的结论，抓住别人的小毛病小题大做。下属跟随有雅量、能包容的领导一起工作，心情舒畅干劲足；遇到小肚鸡肠、计较鸡毛蒜皮的小事、抓住一点不及其余的领导，便会感到提心吊胆，心情压抑，以致影响工作。

"君子坦荡荡，小人长戚戚"。凡是有官德的人，在事业上建功立业、取得成就的人，绝非是那些胸襟狭窄、小肚鸡肠、谨小慎微之人，而是那些襟怀坦荡、宽宏大量者，都是受官德支配的结果。我们领导干部应当具有宽宏的雅量，严于律己、宽以待人，着眼大局、善于团结，多用辩证的眼光看待别人，多用善意的批评激励下属，充分调动一切积极因素，共同促进我们的事业蓬勃发展。

胸怀开阔是理解博爱的极致，是友善与真诚的花朵，是智慧和风范的综合反映。正如莎士比亚所言，宽容是天上的雨露，滋润着土地；它赐福于宽容的人，也赐福于被宽容的人。宽容不会失去什么，相反会得到；得到的不只是一个人，更会赢得人心。养成宽容气度，忍涵风范，实在不可或缺。

来到北京，看到醒目的"北京精神"：爱国、创新、包容、厚德。这熠熠闪光的8个大字，"爱国"是核心，"创新"是精髓，"包容"是特征,"厚德"是品质,令人欣慰,耳目一新。

把道德健康纳入人的健康范畴,是世界卫生组织关于人的健康概念的最新发展。一个不会宽容、不会示弱、只知呈现强势、苛求别人的人,其心理往往处于紧张状态,从而导致神经不安、血管收缩、血压升高,使心理、生理进入恶性循环。学会宽容、适度让步,就等于给自己的心理安上了调节阀,有益于身心健康,体现了一种大将风度和儒雅风范,这样你会比别人多获取友谊,往往能换来更多的拥戴,多享受幸福。

有了宽阔的胸怀,有了高尚的官德,才能"心底无私天地宽",才能站得高、想得深、看得远,不被眼前的一些小利、小局、小事所迷惑,以大家风度、风韵、风采化解矛盾,采众人之善、集众人之长,这是领导者应当具备的优良品德。

领导者对下属的宽厚、善待,一句领先的问候,一句抢先的道歉,出以公心,从大局出发,在处理问题时,不为私心所左右,不以个人感情代替政策,不给下属"穿小鞋",可使他们享有应有的尊严和尊重,获得宽松的生存空间,有助于他们减轻心理压力,释放激情和展示才华,以良好的心态融入团队,找到归属感。

讲雅量和宽容当然不是不讲原则、放纵,不是做老好人、不加约束、姑息养奸,不是软弱,不是向狼发慈悲,做糊涂的东郭先生;不是向蛇献爱心,做伊索寓言里愚蠢的农夫。"在涉及党的重大原则的问题上,决不能含糊和让步"(江泽民)。当正义不彰、公理泯灭、暴力嚣张、小人横行之际,就要高悬正义之剑,理直气壮地斗争。

驾驭自我乃赢家

—— 躬身自省

躬身自省，是中华传统文化的瑰宝，是做人、做事的基础之一，更是党员领导干部不断提高自身的品质和能力、不断提高官德修养的重要"功课"。

修炼官德，应当汲取中华民族的传统美德，同时依照共产主义道德原则和道德规范对自己的道德表现作出评价，进行反省、检查、自我批评和自我解剖，总结经验教训，修正错误，发扬成绩，提高道德认识，坚定道德信念，使自己的道德品质不断升华。

在人世间，任何人都是优点和缺点、正确思想和错误思维的综合体。汉代思想家杨雄认为："人之性也，善恶混；修其善则为善人，修其恶则为恶人。"美的、善的与丑的、恶的往往交织在一起，好的因素和不好的因素杂处于心中。

道德的特殊性决定他以自律为主，主要靠自身的慎独、自省。经常反省吾身，是及时发现自身不足，推动自己进步的路径。

从前有一个和尚，每做一件善事就会给自己点一盏灯，随着善事越做越多，灯也越点越多，但是太多的灯产生了太多的影子，甚至让和尚迷失了方向。于是他向一位高僧求助，高僧告诉他，行善之后，只要在心中点一盏心灯就足够了。和尚大悟，原来是因为自己心中杂念未除，用点灯的方式来炫耀自己，从而迷惑了内心，迷失了自己。修身需先正心，正心需自省。

近些年，我们不少党员干部之所以思想道德"滑坡"，犯错误，进班房，重要的原因是放松了对自己的要求，忽视了反省自身，疏于改正。德国哲学家尼采曾经说过："聪明的人只要能认识自己，便什么也不会失去。"英国《泰晤士报》书评中指出："情商是开启心智的钥匙，激发潜能的要诀，它像一面魔镜，令你时刻反省自己，调整自己，激励自己，是你人生获得成功的力量源泉。"

躬身自省，是对自己的所作所为、所思所想，进行自我反省和自我批评，是一种大智慧。自省中的"自"字，指代自己，也包含自觉。夜深人静之时，独处一室之际，自省自身灵魂深处，反思自身优劣，启迪内心良知，克制过分欲望。躬身自省是改造主观世界的重要手段，对自尊心是最好的保护，对自身形象是最好的维护，其目的在于使自己的道德修养逐渐达到高尚的境界。

每个人都会出错的。当你做错事时，不要固执己见，"一条道跑到黑"，也不要装出一副对的样子而掩饰自己。自己有了过失，不仅有害于自己，也会影响到他人，而且小错不除，将至大错。如果内心关闭了自省的闸门，不去主动自省吾身，就会自我感觉良好，不能正确认识自己，不去及时改正错误，很难正确对待别人的批评，遇到矛盾绕道走，有了问题捂着盖着，就会"我说你听、我讲你从"，对批评者或很不耐烦，当面顶回，或文过饰非，推卸责任。

即使自己做错了，很难改，也必须改。事实上，意识到自己所犯的过错，诚实地、公开地承认自己的过错："我疏忽了！""我错了！"并分析出错的原因，会对自己有所助益，而且别人也会觉得你很会做人，素质较高，从而信赖你。

人的进步从自我否定开始。当意识到自己的某种缺陷或不足并开始改正时，进步就开始了。即便是成功了，也要不断否定自己，不固守不合时宜的、错误的东西。

古今中外，很多有成就的人，都注重省察自身，以是克非，从而不断取得进步。别人的提醒和批评是重要的，但起决定作用的，还是要通过自省这个内因知过改过。看到别人贤，应想到自己有没有不如人之处，见贤思齐，择其善者而从之；发现别人不贤，应自我反省，如有类似的毛病，尽快改之。

在商汤灭夏的战争中，伊尹建立了不朽功勋。商汤临终的时候，把辅佐年轻帝王的重任嘱托于伊尹。年幼的太甲即位后，嬉戏玩乐，疏于国事，不听伊尹规劝。

伊尹担心太甲会成为"夏桀第二"，将太甲放逐到王都郊外桐宫。此间，伊尹作《伊训》、《肆命》、《徂后》等训词，告诫太甲作为一国之君，什么事情可以做，而什么事情不可以做，以及如何继承成汤的法度等。《伊训》说：敢有经常在宫中歌舞作乐，这是腐败之风；敢有沉湎女色，整日游猎，这是淫荡之风；敢有远离忠直，亲近佞谀，这是逆乱之风。上述三风，卿士有一于身，家必丧；君主有一于身，国必亡！……今王修德，万邦欢庆；不修其德，则将坠失其庙。

太甲在桐宫拘禁3年，早晚守候在祖父商汤的陵墓前，学习伊尹的训词，反省自己的行为，表示愿意悔过自新。伊尹便把太甲接回王都，将国政交还给他。太甲勤于国政，成为贤明的国王。

"伏龙凤雏，两人得一，可安天下"。庞统是位名士奇才，其才能与诸葛亮比肩。在赤壁之战中，智勇双全，战绩卓越。赤壁之战后，刘备封庞统为副军师中郎将，与诸葛亮共谋方略。在《三国演义》第六十二回中，写了庞统辅佐刘备进军西川时出现的一段小插曲——刘备设宴劳军，酒酣之际，刘、庞言语不和，刘备发怒，责问并驱赶庞统："汝言何不合道理？可速退！"夜半酒醒，刘备想起自己所说的话，感到后悔，次早穿衣升堂，向庞统谢罪曰："昨日酒醉，言语触犯，幸勿挂怀。"庞统谈笑自若。玄德曰："昨日之言，惟吾有失。"庞统曰："君臣俱失，何独主公。"玄德亦笑，其乐如初。

在这个世界上，不存在无所不知、样样精通的人，不存在没有缺点、一贯正确、不出差错的人。只要改正，就会进步。往往有这样的情况：自己对别人的缺点、毛病，看得很清楚；而对自己的缺点、毛病却看不到。印度《五卷书》说："最难的是自知，知道自己什么能做，什么不能做；谁要是有这样的自知之明，他就绝对不会陷入困境。"应珍视和尽力发挥自己的长处，正视和改变自己的短处，不原谅和及时改正自己的错误，不忽视和克服自己的毛病，使自己成为有理想、有道德、有真才实学、永远立于不败之地的人。

坚持日省吾身，经常剖析自我，是加强官德修养的具体可行的好方法。"吾日三省吾身"，这是孔子的弟子曾子的一句名言。在《论语》中还有不少孔子对自省的精辟阐释，比如"见贤思齐焉，见不贤而内自省也"。(《论语·里仁》)意思是看见贤人，便要向他看齐；看见不贤的人，便要自省有没有类似的毛病。荀子说："见善，修然必以自存也，见不善，愀然必以自省也。"(《荀子·修身》)提高自身素养的一个重要途径，就是在同别人的对照中改进自己。看到别人的优点、长处，就认真进行学习，努力赶上和超过对方；看到别人的不足，认真反思自己有没有这样的毛病，提醒自己引以为戒，不要犯类似错误。宋代朱熹说："日省其身，有则改之，无则加勉。"他还说："见人之善而寻己之善，见人之恶而寻己之恶。"

刘少奇在《论共产党员的修养》中，引用了曾子"吾日三省吾身"等修身格言，并进行了新演绎，增添了新思想，赋予了新的生命力。

吴玉章是学界泰斗，也是自省楷模。他81岁生日时，写下《自省座右铭》："年过八一，寡过未解，东隅已失，桑榆未晚。必须痛改前非，力图挽救，戒骄戒躁，毋怠毋荒，谨铭。"

我们身边有些领导同志，党龄时间不短，工作经验丰富，但视其道德修养却不见提高，甚至做出严重违规之事，其素质中的某些弱点，伴随他十几年而依然不变。其主要原因是不注意自身修养所致，特别是忽视了"自省吾身"。

相对党纪国法的"刚性"，自省具有"弹性"，没有外在的强制约束，基本上依靠自己的觉悟和"内功"。一个人要有所作为、有所成就，使自己的德行臻于完善，就必须每日自省吾身，经常反思自己的行为，检点自己的作风，敢于和自己"唱黑脸"，"靠更多的更无情的自我解剖"（鲁迅）。

彭德怀总结一生经验得出宝贵结论："我们是共产党人，应该比古人更高明些吧。我们能不能做到一日一省，一周一省，半月或一月一省呢？我是一月一省吾身，不管工作怎样忙，每月总要抽出半天时间把自己做过的事认真地检讨一番，看哪些做对了，哪些做错了，以便少犯错误或不犯严重错误。"

有的人将自省意识等同于严苛的自责，他们对自己的失利求全责备，不仅于事无补，还会加深内心的苦痛。因此，自省也不是求全责备，它是精神层面上的反省，是对灵魂的追问。自省的前提是承认过失。

马克思在回答女儿的"调查"提问时，有一段发人深思的对话。女儿问："如果您犯了错误，您会轻易地承认吗？"马克思答道："我随时都在准备着承认自己的错误。"

经常自省，检讨自己言行，看有没有要改进的地方，就能及早发现自己的过失，不至于铸成大错。如果夜郎自大、敝帚自珍，不能自省，就不能及时发现自己的缺点错误，就总是看到自己的长处而看不到自己的短处，只看到人家的短处而看不到人家的长处。这样发展下去，容易错过改正缺点错误的时机，甚至会病入膏肓，积重难返。

曾国藩在个人修养上讲究"慎独"，行动做事以"诚"为本。他每日静坐，反思己过，几十年如一日。毛泽东青年时期，潜心研究过曾国藩文集，得出了"愚于近人，独服曾文正"的结论。他到了晚年还曾说："曾国藩是地主阶级最厉害的人物。"

每天反省自己，这话听起来有些言重了。事实上，这句话是强我之心的"妙药"，如果能坚持实践，会终身受益。

没做到常省吾身，就不能正确认识自己。人们往往勤于敏于察看别人，明察秋毫，看自己就不那么准确和全面，甚至糊涂；错怪别人也比检讨自己简单；没有自省的态度和勇气，也就无法在反思中重新认识自己。

镜子能照出人的容颜，而"自省"是一面能"照心"的镜子，能照出自己的灵魂。自省和剖析自己的过程，实质上是内在的自我检查、正确认识自己、不断增强思想道德修养的过程。每次自我反省都是让自己的身心经受了一次道德与智慧的洗礼。

官德比个人道德有着更为丰富的内涵，有着更为严格的要求，这就更需要每一名党员干部勤于自省。如能每天自省10分钟，问一问自己，一言一行是否符合党员领导干部的标准，有没有不符合党的宗旨、纪律和上级领导要求的言行，有什么过失，哪些需要改进；对照孔繁森、任长霞、牛玉儒等道德楷模，应该学习什么，还有什么做得不够的地方；对照成克杰、胡长清等反面案例，应吸取哪些教训；看看自己有多大的天赋，有什么优势，有什么弱点和不足，有多少资源，能干多少事，该干什么，如何光大自己的长处，是否"今日事今日毕"？那将是善莫大焉，益莫大焉。

许多人都有缺点、毛病，甚至有"阴暗面"，能够自己正视它、揭露它、讲出去，不遮遮掩掩，需要勇气，需要不怕触到痛处。一旦有不健康的、错误的、邪恶的东西在头脑闪现时，应立即意识到其错误及其危害，自觉抑制之，不使其酿成不良动机、不轨行为。

人的一生在处理每一件事时，都要自我反省。如果被人轻视、侮辱、痛恨，你不必责人，要退而反省自己：有没有做得不妥之处，做没做亏心事，从多方面找原因，把自身的毛病和问题提到党性和世界观的高度，去剖析、去认识。"往者不可谏也，来者犹可追也"（《论语·微子》）——过去的事无法挽回，未来的事还未来得及更改。"前事不忘，后事之师"。——以前的事永志不忘，可以作为后来做事的教训。经常看到自己有不对的地方，那是一种进步，容易赢得他人的信任，容易融入所在的集体，容易赢得真正的朋友。

曾在历史的回音壁上引起强烈共鸣、受到领袖和人民厚爱和赞颂的普通战士——雷锋，继承了我国古圣先贤"吾日三省吾身"之遗风，经常在内心自省反思自己的思想意识和言论行为，不断修养自身、提升自我。他在日记中写道："如果你是一滴水，你是否滋润了一寸土地？如果你是一缕阳光，你是否照亮了一分黑暗？如果你是一颗粮食，你是否哺育了有用的生命？如果你是一颗螺丝钉，你是否永远坚守着你的岗位？如果你要告诉人们什么思想，你是否日夜为它而奋斗？"

鲁迅在《一件小事》中，从一车夫的细小动作中，感到了自己与车夫的差距，并引发出自己深深的自责。正是他经常对自己"自省"，才完善了他伟大的人格，成为令世人敬仰的思想家、文学家。

我们有些领导干部，从事工作时间较长，担任领导职务多年，但其思想道德修养却不见提高，其素质中的某些弱点、明显毛病，伴随几十年而不见改变，依然如故。其重要原因，是忽视了"自省吾身"。

一些腐败分子临死前的最后自述，可以发现他们有一个共同之处，都悔恨自己当初不能自省其身，不能保持清醒的头脑，整日陶醉在"表扬与自我表扬"之中，放松了对自己的严格要求。

在"自省"二字上下工夫，是及时发现自身不足，推动自己进步的路径。有的领导干部之所以犯错误，重要原因是放松了对自己的要求，没能及时对自己反省，对自己的不足疏于发现和改正。

要经常自省吾身，检查自己的言行，是否有过错，进行自我解剖和自我批评，找出自己的缺点和错误，采取措施加以克服和纠正。通过注意自己的言行，反省自己的缺点，不断摒除杂念，逐步树立正确的观念，培养高尚的品质，提高自己的精神境界。

泰戈尔有句妙语："真理之川从它的错误之沟渠中流过。"我们要从过失中反思诸多原因和教训，从失误中省悟深刻的哲理，从而筑起再次失败的防护堤。

英国伟大的哲学家培根，亦未能保持晚节。在其晚年任英国大法官期间，当面接受当事人的"礼物"，被议会议员起诉，处以徒刑并罚金。他既不找客观原因，也不狡辩，而是老老实实，低头认罪，用他自己的话来说："我是这五十年来英国最正义的法官，但给我的定罪却是二百年来议会所作出的最正义的谴责。"

如果被人轻视、冒犯、侮辱、痛恨——你不必责人，首先要有反思自己的勇气和理智，迅速从窝火的心态中"跳"出来，以对方的言行为镜子，反省自己：是不是自己的过错，比如太爱抱怨，太爱否定，时常消极，从不听别人的，执迷不悟，无所不知，要求太多，依赖性太强，以损害他人为代价获取成功，做没做亏心事，从多方面找原因，把自身的毛病和问题提到党性和世界观的高度，去剖析、去认识，主动做好沟通和解释，消除误会，增进理解，融洽关系。

周恩来提出"批评自己—批评别人—接受批评"的公式，把批评自己放在首位，把接受别人批评作为落脚点。他对自己的工作经常进行反思，自我总结，自我考察和评价，目的是为了完善自己。他还时常以自己改造的体会和犯错误的教训现身说法，教育干部和群众。他是中国共产党领导层中透明度最高、自我批评最多的一位负责人。尼克松说过："赫鲁晓夫的吹牛，不过是为了掩盖其自卑的心理；周恩来机警的自我批评，则是自信心充分发展的明显表现。"

用社会主义核心价值体系和道德规范作为自省吾身的重要"标尺"，如履薄冰般审省和剖析自己的不足和过失，调整心态，净化心灵，保持崇高的德行，可以使我们无忧无惧、身心轻松愉悦，能培养一种乐观、进取、向上的精神和高尚的人格，专心致志地投入到事业中。

修炼官德不是简单地"闭门思过"，使自己超凡脱俗，表现"清高"，很重要的内容是在实践中砥砺，使自己沿着道德的阶梯去攀登浩然伟健的理想人格之制高点。

直挂云帆破浪行

——锤炼意志

坚强的意志、顽强的毅力，是人生中最宝贵的东西，比天资聪明更为重要。成就大业不仅在于智商较高、才能出众，更需要有坚韧不拔、刚毅奋进的意志品质。

有些人渴望成功却没有成功，并不是没有机会，也并非没有资本，而是缺乏成功最需要的意志品质。

拿破仑·希尔在研究了500个名人成功经验的基础上得出结论："……缺乏坚韧和毅力，是失败的主要原因之一。数千人的经验已经证明，缺乏坚韧和毅力是大多数人常见的共同弱点。这种弱点可用努力来克服。"

历史上许多人的积弱、失败，并非愚不可及，而是做事缺少长期无悔的追求、卧薪尝胆的毅力和锲而不舍的恒心。俾斯麦有言："对于意志坚韧而永不屈服的人，没有所谓的失败。"一番事业在一经开始后，就要努力拼搏，不成功便成仁。

人的坚强意志，并不是先天就有的素质，不是每个人必然会有的，却是人人都可以获得的，关键在于培养和锻炼。《周易》说得好："天行健，君子以自强不息。"——天体运行昼夜不息，周而复始，无时亏退。作为有抱负有志向的为政者，有道德有学问的人，应该以"天行健"为榜样，把精力集中到所追求的目标上，有坚强的意志和永不止息的奋斗精神，完成并发展所从事的事业。

秦始皇少年时代，曾在颠沛流离的环境中长大，浪迹他国而饱尝别人的白眼，在逆境中修身炼志，造就了非凡的隐忍能力。他未亲政之前，面对吕不韦、嫪毐专权，大智若愚，才华深藏不露，事事如履薄冰，"觉人之诈不形于言，受人之侮不动于色"。年届22岁时，出手不凡，一举粉碎吕、嫪两个反动集团。

杨万里诗云："篙师只管信船流，不作前滩水面谋；却被惊涛旋三转，倒把船尾作船头。"人生之旅就是顺境和逆境的交错反复，不经过痛苦和失败不能成熟。基督教讲，没有蒙难就没有复活。这同周易"否极泰来"有相同的理念。松下幸之助的口号是：祈求七难八苦，因为逆境孕育着成功。

意志是一个人的心理素质，同时也是一种品格。意志是蕴藏于心、执著于信仰的力量，义无反顾地向着既定目标前行。一个人的持久的意志力越强，成功的几率就越大。英国罗素说："希望是坚韧的拐杖，忍耐是旅行袋；扶着这支拐杖，背起这个旅行袋，就可以登上漫长的人生旅程。"

砥砺意志，自强不息，须在"恒"字上下工夫。少小须经磨砺，老来不畏风霜。唐朝贾岛诗云："十年磨一剑"，可谓久矣。卓越的人生产生于执著追求之中。古昔文王之《周易》，演于被拘之时；孔子之《春秋》，作于受厄之际；屈原之《离骚》，赋于放逐之中；左丘之《国语》，成于失明之后；孙膑之《兵法》，以被削掉膝盖骨；吕不韦之《吕氏春秋》以贬于蜀地；韩非之《说难》、《孤愤》，以囚禁于秦；司马迁之《史记》，以被阉；苏轼之诗作以逆境；柏杨之随笔以坎坷……他们的成就熠熠闪光，与日月同辉，然而都源于"苦难的生活"。他们苦痛并快乐着、烦恼但不闲着的意志品质和人格魅力，令人由衷钦佩！

毛泽东说过"自信人生二百年，会当水击三千里"。"男儿志兮天下志，但有进兮不有止；宁可身冷，切不可心冷；宁可人穷，切不可志穷"。郑板桥云："咬定青山不放松，立根原在破岩中。千磨万击还坚劲，任尔东西南北风。"男儿立世，不怕失败，不言放弃。

做人有困惑，做事有困境。现实生活难以事事如意，挫折总是伴随着人们：小至遭人讥讽，大至婚姻破裂，事业挫折。遭受挫折并不可怕，关键是要有坚强不倒的毅力，用积极的行为方式去调节，从挫折中跳出来。

就像凤凰必须在烈焰中诞生一样，卓越的领导者都曾经历过残酷的身心考验。回眸历史，记载着那些在挫折和逆境中英勇不屈的英雄传奇。

一个人只有在苦难岁月、恶劣环境、复杂斗争、重大挫折中，屡仆屡起、屡败屡战、不屈不挠，才能逐渐磨炼和培养出意志品质。

谈迁是明朝的一个穷秀才，未考中举人。他在读了很多历史书籍之后，决心写一部明史。经过 20 多年的努力，编出了一部书稿。可是，一天夜里，小偷闯进了他家，偷走了文稿。

谈迁发现后，痛哭一场。他在沉重打击下，毫不气馁，坚毅地说，我的手不是还在吗？再从头做起吧！于是，经过 4 年艰苦著述，终于写出了《国榷》，给后人研究明史留下了丰富的资料。

有些人平庸，有些人失败，一个原因是心态出了问题，"我不行了，还是退缩吧"。结果失败了，心理造成压力。

打垮自己的往往不是别人而是自己。不要把一次的失败看成是人生的终审。胜固可喜，败亦欣然。胜亦不骄，败亦不馁。如果一生无失败、无挫折，未免太单调、太无趣、太乏味了。没有失败的痛苦，哪来成功的欢欣？如果说成功不是永远的标签，那么失败也不是终身的注册。失败不一定就是坏事，乃是一种必要的投资。

"看成败人生豪迈，只不过是从头再来"，刘欢的歌声蕴涵着哲理。成功的人遇到困难有一种积极的心态：办法总比困难多；没有条件创造条件上。想出办法，不断前进，直至成功。

一次挫折就是一次提醒，督促人们分析问题冷静思考思路是否对头、决策是否得当。成功的经验大多相似,失败的原因却千差万别。从失败的教训中学到的东西,往往要比从成功的经验中学到的更管用更珍贵。

邓小平说过:"过去的成功是我们的财富,过去的错误也是我们的财富。"因此,失败是一笔财富,不经失败的成功只是天方夜谭。一个人即使经历九九八十一难,"衣带渐宽",也不一定是坏事。挫折一次,即增一分学识,长一分经验,是一次新的开始。故挫折愈多,经验愈多,成功也就愈大。从挫折中学到一些在顺境中得不到的东西,终究会迎来"蓦然回首"的新局面。

西藏的佛学祖师米勒日巴尊者早年拜玛尔巴译师为师。玛尔巴为了磨炼米勒日巴的意志,经常打骂米勒日巴,还命令他背巨石上山盖房子。房子刚盖好,玛尔巴又找借口将房子拆掉,在另一个地方重新建造。米勒日巴的肩膀被磨得露出了骨头,经受住了考验,得到了师父的真传,取得了巨大成就。

包玉刚曾雄踞"世界船王"宝座,位居香港10大财团第三位。包玉刚37岁时决心搞海运,对于穷得连一条船也买不起的外行,谁也不肯轻易把钱借给他。后来,在一位朋友帮助下,他终于贷款买来一条有20年航龄的烧煤旧货船。他靠这条破船起家,经过无数次惊涛骇浪,建起了自己的王国。

南非黑人领袖曼德拉22岁时,发现自己要被培养为酋长,就逃跑了,从事为黑人解放斗争的事业。1962年,他以莫须有的"叛国罪",被监禁。他没有妥协,在狱中坚持斗争28年,成为南非黑人民族解放的象征。

一个天分不高的人,只要脚踏实地地坚持求知探索,求真实干,不为怨天尤人、灰心丧气的情绪所左右,不为环境所左右,也能够使天堑变通途,到达成功的彼岸。

马克思说:"对于我从来就不让步的偏见,我仍然遵循伟大的佛罗伦萨诗人的格言:走自己的路,让人们去说吧。"奥地利茨威格说:

"倘若我坚持什么,就是用大炮也不能够打倒我。"

井冈山和中央苏区时期,毛泽东曾被撤销职务,一度连党支部会议都无权参加。种种不公正的待遇,不仅没有消磨毛泽东的意志,反而令他愈挫愈勇,即使在被迫赋闲"养病"的时候,他还是不急不躁,照常读书赋诗,研究问题。

如果说好的境遇所需要的美德是节制,那么困难的环境所需要的是坚韧,前者令人推崇,后者更令人钦佩。处在顺境之时不会忘记逆境之时所受的苦难,不会在"得志"时过于春风得意、忘乎所以,不会被掌声、鲜花和捧场所醉倒。英国科学家波恩说:"勤勉乃补才能之不足,而忍耐和信仰则可动摇山岳。"

"面壁十年图破壁,难酬蹈汤亦英雄"。周恩来为了救国救民,潜心钻研广博学问,深刻磨炼坚强的意志。可见百折不回的意志与不屈不挠的精神,是一切成功的钥匙,也是建功立业之人的特征。没有意志品质不足以维持崇高的志向,不足以彰显刚劲的操守。面对"山重水复"之关卡,唯有勇往直前,持之以恒。

江泽民多次引用孟子"生于忧患,死于安乐"这句至理箴言教育党员干部。艰苦的生活环境能够锻炼人们坚强意志,激励人们不断进取。

曾经资助200多名贫困学生、为300多户困难家庭带来希望的道德模范郭明义说:"越是困难的时候,越能考验我们的勇气和毅力,越能激发我们的斗志。"如果总是在顺境中一帆风顺,容易使人不思进取,安于现状,不易掌握真本事;安乐的生活条件容易腐蚀人,沉湎其中会走向颓废乃至灭亡。

困厄是奋斗的动力,是幸福的源头,是志士的熔炉。中华民族历经许多磨难而信念愈坚,饱尝无数艰辛而斗志更强。作为"特殊材料制成的"的共产党人,一定能够以艰苦的磨炼,来作为自己的修身之道,在困难、挫折中锤炼意志,在艰险、患难中铸造品质,忍辱负重,勇于担当,不懈拼搏,书写自己忠诚无悔的奋斗之歌。

优化情商就大谋

——消怒减压

高智商是不是取得成功的最关键的因素？国外权威机构的研究表明，在一个人成功因素中，智商（IQ）只起20%的作用，而另外80%则决定于情商（EQ），即人的情感因素和人际关系。情商亦即把握自己情感的能力。其重要组成部分是正面情绪，包括耐心、信心、毅力、乐观心态。

从一定意义上讲，情商的高低关系到事业的成败，甚至会决定人生的命运。智商再高，情商不高，不一定能成功，不一定能持续地成功；智商不太高，但情商较高，成功概率大。

美国心理学家韦克斯勒曾对40位获得诺贝尔奖的科学家做过考察，发现其中大多数人的智商处于中等或中等偏上，他们取得巨大成就的重要因素来自非智力因素，即情商，有效控制"喜"、"怒"、"忧"、"思"、"悲"、"恐"、"惊"等情绪，树立积极乐观向上的情感，尤其是要在工作中寻找快乐，达到工作着并快乐着。

正面情绪像阳光。易怒是情商高的反面。易怒是领导者一种卑贱的素质，受它摆布的往往是生活中的弱者。唐太宗说："自古帝王多任情喜怒，喜则滥赏无功，怒则滥杀无罪。是以天下丧乱，莫不由此。"文学家薄伽丘说："愤怒暴躁是人们在感到不如意的时候，还来不及想一想就突然爆发的情绪。它排斥一切理性，蒙蔽了我们理性的慧眼，叫我们的灵魂在昏天黑地中喷射着猛烈的火焰。"

人因愤怒的情绪而失去理智，就特别容易产生一些过于偏激的行为，释放出损伤人际关系的破坏性力量。处理公事时发怒，就会破坏规则程序；执法时发怒，就会滥用刑罚造成冤案；对人无故发怒，就会惹人怨恨。培根说过："愤怒，就像是地雷，碰到任何东西都一同毁灭，如果你不注意培养自己忍耐、心平气和的性情，一旦遇到'导火线'就暴跳如雷，情绪失控，就会把你最好的人缘全都炸毁。"

有些对手故意用激怒的方法，使你大发脾气，让你在愤怒的状态下作出种种不合理的决策，其结果无异使你自投圈套，自讨苦吃。16世纪的法国散文家孟达尼曾说："刚愎与冲动，就是愚蠢的证明。"

对人动怒，周围人会用回避、冷落的态度对待你，使你得到孤独的惩罚。控制不住情绪，任由怒火中燃，便会失去理智，意气用事，这是为政者决策时的大忌。凡事不能按捺浮躁之心，动辄发火发怒，表现了智能之不足，会产生诸多不良后果。

慎怒是一种修养，是一种美德。领导工作责任重、困难多，遇到外界误解、刺激是一种必然发生的现象，难免也有生气发怒的时候，关键是要有自控能力，开阔心胸，事前多想想，时刻把握好自己的情绪，控制住冲动，做到"猝然临之而不惊，无故加之而不怒"，保持冷静和理智，并始终处于最佳状态，不因情绪失控而影响自己的形象、带来损失。努力避免因一时冲动而做出傻事、错事和蠢事来。

良好的自制能力是领导干部重要的意志品质，也是衡量领导者涵养气度的尺度。领导者在自己的下属面前表露自己的情绪好恶，乃是愚蠢的领导方法。卓越的领导者必须能够安抚自己，摆脱强烈的焦虑忧郁以及控制刺激情绪的根源。焦虑忧郁是一种心理疾病，情商高的领导者，能够"慧剑斩情丝"，不让自己的思绪陷入焦虑忧郁的泥潭。

有抑郁意识的领导者神经特别敏感，失望与无助总是缠绕心头，自己的情绪就会变得低落，情绪化地处理问题，也容易导致另一种极端情绪——狂躁。

人的怒气发作，容易突然扩大，如果不压抑忍耐，由着性子妄自行事，会导致别人遭殃，但受害最大的是自己。气愤、恼怒、憎恨、惊恐、焦虑、痛苦、忧愁、哀伤，使人增加沉重的心理压力，持续处于"紧张状态"，极易引起人的神经、消化及心血管等系统功能代谢的改变，出现应激反应。

不良情绪包括抵触情绪的产生，往往是潜移默化的，对于处世和从政有着较大的影响。它会给身心造成伤害，会成为前进路上的绊脚石。领导者发怒所带来的后果比一般人要严重得多。

愤怒情绪既伤害别人，又伤害自己，出现心身疾病。俗话说："一碗饭填不饱肚子，一口气能把人撑死。"愤怒情绪最主要的危害是，对内，伤害自己的心肝肺；对外，伤害人际关系。

公元265年西晋王朝建立后，晋武帝司马炎对蜀汉的旧臣，采取笼络收买的政策，或是任命他们留在中原的子孙为官，或是征召他们到京城洛阳任职。李密就是被征召的一个。

李密才华出众，孝闻乡里，一篇《陈情表》令晋武帝对他器重有加。从政后，李密希望到朝廷供职，却被安排到汉中做太守。李密很失落，在应诏献诗时，流露出"官中无人，不如归田"的怨气。武帝看后非常生气，将其罢官，使其归田。不久，李密病亡家中。

引发疾病的原因较多，其中一条就是忧郁、生气、情绪剧变。美国耶鲁大学门诊部对所有求诊病人作病因分析发现，因心情不好致病的占76%。长时间焦虑、郁闷，会导致内分泌系统功能大乱，免疫功能被削弱，癌变细胞就会迅速分裂、增殖，形成肿瘤。

英国生物学家达尔文说过："人要发脾气就等于在人类进步的阶梯上倒退了一步。"这话未免有点过头，但发脾气的确容易使人失去理智，损害你的人际交往，甚至会使亲朋好友成为冤家对头。

脾气坏是一个人的致命伤。碰到不顺心的事，就由着自己的性子，大发脾气，在下属面前耍威风，这不仅没有实际意义，而且前面好多努力将付之东流。愤怒的冲动是人受到外界的强烈刺激后，言语和行为出现非理智化的一种心理状态。人在失去理智的情况下，很难作出正确决定。我们的恼怒有80%是自己造成的。

愤怒既然是后天反应，就能得到控制。不让情绪脱离理智的缰绳，身体健康、人脉资源、工作成效、事业成功才有保障。林则徐房间里挂有"制怒"条幅。提醒和约束自己，不让怒气左右自己的情绪。

李沆当宰相的时候，有个狂妄的书生拦住他的马，献上一封信，历数他的过失。李沆认错说："等我回家以后，再详细地看你的书信。"那个书生于是发怒，跟随在李沆的马后，放肆地叫道："你占居了高位，却不能为天下老百姓谋利益，又不主动退位，拦住了贤人进取之路已经很久了，难道不感到惭愧吗？"李沆只是很不安地说："我多次请求退下来，可是皇帝没答应。"始终没有对那位书生厉声疾色。

王安石是宋朝的宰相，面对自己府里年轻仆人的冒犯，气得火冒三丈，但是就在这节骨眼上，他冷静下来，转念一想，自己是堂堂当朝宰相，如此动怒实在犯不上，他把这口气咽了回去。

为政者要主持正义，坚持原则，成就事业，不会得到所有人的赞许，总会有人反对你。有了这种思想准备，就能应付不如意的、突如其来的事情，不会轻易发怒。

为官消怒尤为重要。《古箴》曰："人之七情，惟怒难制。制怒之药，忍为妙剂。"七情之中最难控制的就是愤怒，制怒最好的办法是忍耐。有容德乃大，能忍人所不能忍，才能立人所不能立之事功。《忍经》中说：不能忍受挫折，不是害了别人，就是害了自己。不如忍耐下来，慢慢观察胜败。名誉在屈辱中彰显，德量自隐忍中增加。

黥布曾认为刘邦会拜他为将，刘邦却坐在床上洗脚召见他，他气得差不多想自杀；当优待他如汉王同等待遇时，又高兴过了头。处事、为政要以"忍"字为要，任何时候都控制情绪，把情感装入理念之盒。

采取有效的方法是可以缩短痛苦的时间的，对痛苦的注意力也是可以被分散的。苏格拉底说："在你发怒的时候，要紧闭你的嘴，免得增加你的怒气。"明代冯梦龙在《醒世恒言》中说："事不三思终有悔，人能百忍自无忧。"在与人发生矛盾、对方出言不逊时,应把酸甜苦辣咽在肚里,多一些克制、容忍和体谅,"忍一句,息一怒,饶一招,退一步",不要过分认真和斤斤计较,这不是懦弱、胆怯的遁词,而是有力量的表现,是有修养的体现。

清代王希圣对弛缓、急躁、烦苛、骄矜、多言、好货、轻佻等10种道德品行的偏失,提出了"克治"的方法:"弛缓克之以敏;急躁克之以宽;烦苛克之以静;骄矜克之以温;多言克之以默;好货克之以廉;轻佻克之以庄;乖戾克之以慎;遗失克之以勤;不可自恕,不可苟安"。

在领导活动中,有些时候碰到棘手的问题,有的人找你的麻烦,惹你不高兴,让你意想不到,其实这些人都是在锻炼我们的忍辱力。当别人出难题或胡搅蛮缠时,你首先要克制住,心平气和地接受下来,不要马上觉得失了面子而火冒三丈。对方找你麻烦、不尊重你、气你,不完全是坏事,你会变得更谨慎;有人总讲难听话,你才不敢自以为是;有人让你难堪,你会少犯错误。

雍正曾有喜怒无常的毛病,可贵的是他闻过则改。据《清朝野史大观》记载:雍正的性格与常人有异,往往喜怒不定,因而遭到其父皇康熙的批评,并记于《实录》。得到父皇训诲,雍正决定改过,以后十余年未见他再有喜怒不定的表现,因而得到康熙赞许。雍正即皇位后,"一喜一怒,慎之又慎,未敢轻忽"。

为官有涵养,容情和理智,心里风平浪静,不但可避祸,还可养生。曾国藩的天赋并不是很高,是智商平平,情商很高。他之所以能做出一番事业,留功名于史册,主要就是得益于他刚柔相济、遇挫弥坚、当机立断、持之以恒、藏锋戒傲,也就是高情商。

曾国藩是位养心大师。他主张"惩忿窒欲,少食多动"。曾国藩《致沅弟》信中说,修身养性以少恼怒为本,办事以能够得欢心为本。弟积劳成疾,应当特别注意少恼怒。

曾国藩第二次回家奔丧时,正值人生低谷。咸丰帝开了他的兵部侍郎缺，命他在籍守制。曾国藩心里感到孤零零、冷冰冰，时常生病。他经过一位丑道人指点，重新研读《道德经》、《南华经》，终于大彻大悟，从委屈苦恼中解脱出来，身心日渐好转。后来，曾国藩又获得出山机会，事业蒸蒸日上，成为历史上最有影响的人物之一。

美国一位总统林肯在年轻时代，喜欢嘲弄人。有一次，他写匿名信讽刺一位叫席尔斯的人。席尔斯愤怒不已，同他决斗。幸亏在最后一分钟被人阻止了，避免了"两虎相争，必有一伤"。林肯明白了一个自尊心受到伤害的人，会有怎样可怕的举动。从此学会了与人相处。他说："宁可给一条狗让路，也比与它冲突而被咬一口好。如果被咬伤了，即使把狗杀掉，也无济于事，得不偿失。"

美国有位总统马辛利，因为用人问题遭到一些人反对。在一次国会会议上，有位议员当面讥骂他。他极力忍耐，没有发作，等对方骂完了，才温和地说："你现在怒气应该平和了吧，照理你是没有权利这样责问我的，现在我仍愿意详细解释给你听……"那位议员顿时红了脸，矛盾缓和下来。

1980年美国总统大选期间，在一次关键的电视辩论中，里根面对竞选对手卡特对他在当演员时期的生活作风问题发起的蓄意攻击，丝毫没有愤怒的表示，只是微微一笑，诙谐地调侃说："你又来老一套了。"里根这种"气定"、"心定"不仅使卡特很难堪，也给自己的竞选增加了获胜的筹码。

人在某一项事业上没有成功，并不是缺少机会，也不是资历浅薄，而是缺乏对自己情绪的控制，受情绪的左右。愤怒时不能调控，使周围的人望而却步，破坏了和谐的人际关系；消沉时放纵萎靡，把一个个机遇丢掉。由着自己的性子，表现出冲动的行为，看上去似乎奔放自由，实际上是情绪的奴隶。

印度普列·姆昌德说："宽容则是在荆棘丛中长出来的谷粒。"有一句话要常用：没什么。大人不计小人过，忍得一时之气。遇到不愉快的事，只要多考虑几分钟，为他人设身处地想一下，讲几句关心的话，就可以缓和许多不愉快的场面，容易对人产生亲和力。

领导干部凡事要换位思考，多为对方着想，设身处地站在对方立场上思考问题，而不要一味坚持自己的观点，这样就会平静下来。

有时发怒并不是因为原则性问题，过后想想觉得划不来、不值得。从长远利益、大局考虑问题，就不会计较眼前得失，斤斤计较小是小非。

没时间争吵，有气就跑3圈，这种开明的思维和好习惯，帮助了爱地巴从穷小子变成了大富翁，也帮助了许多人成为优秀的领导者。

一位网友说，怎样可以做到不生气，各有各的说法。念口诀、写条幅、树立座右铭、意识调节、语言调节、注意力转移、行动转移、加强思想修养、心理暗示、回避刺激法、合理发泄法、积极补偿法、反其道而行法、逆向思维法、仰效前人法、忍辱负重法、欢笑驱怒法……

发怒的特点在于短暂。气头过后，矛盾就易解决。与对方争吵时，说理是毫无用处的，莫不如压住性子，免开尊口，倾听对方说了什么以及话真正的含义，让他把话说完，使对方意识到你对他的观点感兴趣，可消除和避开对方的气头，此谓让一让，风平浪静，海阔天空。

转移是最积极的处理方式。换一个角度去重新看一件事，或凡事要往好处想，会平息怒气。火儿上来的时候，对那些看不惯的人和事往往越看越气，越看越火，此时不妨来个"三十六计走为上策"：出去散步，把目标转移到别的事情上去，也能助你减轻恼怒、焦虑；或立即离开生气的现场和惹怒你的人，找个清静的地方去看书或做别的事。

当遇到可能使自己情绪失控的刺激时，回避的方法来处理有效。回避一些问题和冲突，看似有些懦弱，其实这并不是懦弱，而是有修养和自控力强的表现。

找知心朋友或其他自己信赖的人，向他们宣泄、诉说自己内心的不平，求得他们的安慰、疏导与调节，也会消气。

让自己一直忙着，做最辛苦的工作，是把忧虑从你头脑中挤出去的有效的良方。萧伯纳说："如果你整天都在忙你感兴趣的事情，哪里还有多余的时间去思考这些无聊的东西呢?"

当对一件事情产生不同看法，或出现纠纷、争吵时，可暂时保持沉默，据理不争，以免火上浇油，激化矛盾。做一下冷处理、慢处理，深思熟虑，等待时机成熟，这样的结果可能截然不同。

当下级相互之间发生矛盾时，你明确表态，则容易使一方产生领导偏袒另一方的心理反应，即使理亏也不认输。如果保持沉默，并伴以严厉的目光、严肃的神情，使对方迅速整理，有利于冲突缓和。

应培养"光明思维"，亦即在认识事物或者看问题时，尽量选择积极有利的一面，忽略消极不利的一面。在日常工作、生活中，不对他人有怨恨之心，以诚待人，以德报怨，保持积极、乐观、平和、向上的心态，从容对待得失，不因提拔而志得意满、目中无人，也不因离退而心理失衡、消极失落，始终不忘责任和使命，坚守共产党人精神家园；有时还需要自我安慰，自我解嘲，有一点阿Q精神。

若想做"人中之龙"，就不要做好冲动的蟒龙，而要做安然而有智慧的潜龙。周文王被关在羑里时而演绎《周易》，好像没有羑里这块地方。孔子被围在陈国和蔡国，却弹琴唱歌，好像没有什么陈国和蔡国。颜回用竹筐吃饭，木瓢喝水，却仍然保持快乐；原宪衣衫鞋子破旧，却能声誉满天下。

坚持做些自己感兴趣的事、最擅长的事，能带来快乐。跳舞，唱歌，看书，能使人放松，带来快乐。当心情烦闷时，不妨走到室外，迎着朝霞旭日，对着蓝天白云，张开双臂，做几次深呼吸，或上上网、聊聊天，快乐就在其中了。

运动可减轻压力和疲劳。法国作家伏尔泰有句名言："生命在于运动。"运动可活动筋骨，使平时较少活动的肌肉得以松弛，消除局部疲劳。不少领导同志出门坐车，上下楼坐电梯，长时间工作在办公室或会议室，缺少运动机会，有些"四体不勤"了。美国哈佛大学追踪研究表明，每天运动1小时，可延长两小时以上的生命。我们不妨也要求自己：每天运动1小时，健康工作40年。散步、跑步、打球、游泳、打拳、爬山、踢毽等，都是很好的运动方式。坚持运动，必有好处！

世间最美丽的表情就是开心微笑。卡耐基说："微笑是一种神奇的电波，它会使别人在不知不觉中同意你。"微笑可以驱散心中的积郁，患心理疾病的概率也低得多。整天绷着脸、不苟言笑，给人的感觉如同进入"梅雨季节"。雨果说："微笑就是阳光，它能消除人们脸上的冬色。"领导者应善于充当快乐使者，"快乐着下属的快乐"，延续下属的快乐，使之成为下属继续努力的"增速器"。

面带微笑，呼吸均匀，全身放松，走路轻快，几分钟后会觉得开心。在发生冲突时，微笑最能代表人的善意，最能稳定自己的情绪，有利于保持理智，更好地面对和处理冲突。微笑还具有感染力，能产生一种魅力，让他人感到愉快，从而减轻下属紧张的心理，缓和、消除人们的反感和敌意，是处变不惊、化敌为友的简易方法。

笑容是心灵绽放的花朵，是源自灵魂深处的真诚。美国密西根大学心理教授詹姆士说："笑容比皱眉头所传达的讯息要丰富得多。人人都希望别人喜爱自己、重视自己。"有道是："伸手不打笑脸人。"

让我们记住卡耐基的话："谈你和他都感兴趣的话，若你能以热忱对话，你一定能赢得听众。"微笑就意味着："我喜欢你，你使我很高兴。"

莫信谗言远小人

——光明磊落

每个地方都有道德低下之人，做人处世不厚道，常以不良手段达到目的。与这样的人相处，稍不谨慎，会吃大亏。因此，应学会分辨和防备这样的小人，教育小人，纯洁干部队伍。

在中国吏治文化中，向来把无德、缺德的官员斥之为"小人"。贾谊生活于汉文帝时代，比屈原晚140余年，其遭遇在很大程度上与屈原相似。博士长沙吟屈赋，朝廷秀木遇霜摧。屈原忠君爱国，却遭到小人的谗言陷害，被逐出宫，理想抱负无法实现，后来毅然投入汨罗江，以身殉国。

《这种人一定要防》一书认为，在历史和现实生活中有各式各样需要防备的无德之辈，有翻手为云、覆手为雨的人；有以邻为壑、落井下石的人；有花言巧语、包藏祸心的人；有献媚出丑、讨好卖乖的人；有见风使舵、阳奉阴违的人；有深藏不露、暗箭伤人的人。这类人的最高追求不过"权"、"利"二字，最核心的本质特征是唯利是图，嗜权如命，其品质不足挂齿。

爱说别人坏话，是小人的重要标志。"谗"，即说别人坏话，颠倒好坏；把谗言讲给上级领导听，为"进"。为了达到个人的某种目的，常常不择手段进谗言。谗者与谀者往往是孪生兄弟。进谗时谀上，谀上时兼而行谗。行谗者总是抢夺先机，而被谗者因疏于防范，棋输后手。

人们对第一印象总是记忆深刻。行谗言者抓住这一心理特点，抢夺先机，而被谗者因疏于防范，棋输后手。伯嚭这个小人先向夫差进谗言，将有恩于他的伍子胥置于死地。

《百喻经》有个故事，令人品味。从前，有一个人数说国王的罪过："大王很暴虐，治理政事没有道理。"国王听了这话，非常恼怒，竟不仔细追究是谁说了这话，就相信旁边佞人的谗言，捉了这位贤臣后，从他的脊背上取下一百两肉来。后来，有人证实此人并没说国王有罪过的话。国王很后悔，便又从其他地方索取了一千两肉来为贤臣补脊背。一天晚上，被剥肉的贤臣呻吟不止，非常痛苦。国王听见了问道："取了你百两肉，我以十倍的肉补给你，你还不感到满足，为什么还会痛苦呢？"旁边的人回答说："大王如果割了我的头，我再得到一千个头也补不回来呀，尽管得了十倍的肉，也免不了痛苦啊！"

当年，富于正义感的韩世忠数次为岳飞鸣冤，曾质问宰相秦桧："你们说岳飞谋反，有什么真凭实据？"，秦桧只是含含糊糊地说了一句，岳飞的罪是"莫须有"。用今天的话说，就是"也许有罪"的意思。韩世忠愤怒地说："莫须有三字，何以服天下！"

"莫须有"三个字，是秦桧的一大发明。这个发明让多少暴君与独夫雀跃不已。因为他们仅凭怀疑、揣测就能把异己和反对派置于死地，造成中国历史上数不清的冤狱。

小人深知"鹬蚌相争，渔人得利"的道理，喜欢挑拨离间：用卑鄙手法离间别人，在领导面前搬弄是非，把子虚乌有的事儿编造的活灵活现，等到被离间者相互争斗时，从中获利。有时为了保住私利，利用权术谋求升迁，不惜抬高自己，造谣生事，丑化对方，惯用"我听说"造句，歪曲事实，节外生枝，无中生有。为了某种目的，他们可以用离间法挑拨朋友间、同事间的感情，制造他们的不合，他在一边看热闹，好从中取利。

庆父，春秋时鲁国贵族，鲁庄公之弟。他惯于挑拨离间，制造内乱，先后杀掉两个国君，激起国人愤怒。后畏罪逃莒县，被押解回国，途中自缢身亡。成语"庆父不死，鲁难未已"，即源于此。大意是如果不除去庆父，鲁国的灾难是不会终止的。比喻不清除制造内乱的罪魁祸首，国家就得不到安宁。毛泽东曾在《南京政府向何处去?》中指出："庆父不死，鲁难未已。战犯不除，国无宁日。这个道理，难道现在还不明白吗?"

有一种人喜欢追随权力，谁得势就依附谁，谁失势就抛弃谁。这种人由于受上司所宠而趾高气扬，在上司面前说别人的坏话，阳奉阴违，掩饰内心的另图；在你面前肉麻的恭维、过分的捧场，背地却分化同事感情，制造纷争和事端，事后扮演和事佬，双面间谍，闽语所谓"双面刀鬼"。这样的人施展媚术，且由此而获得利益，也未必能够维持得长久。

武则天时期，有个名叫杨再思的宰相，专靠阿谀奉承取悦于人。《资治通鉴》载，一次聚会，有人为了讨好武则天的情人张昌宗，说"六郎面似莲花"。看来张昌宗还真不是一般的美，居然快达到了莲花的水平。不过这次杨再思却一反常态，表示不同意。众人大吃一惊，张昌宗也感到奇怪。杨再思说道："乃莲花似六郎耳!"。莲花和六郎的位置一颠倒，就把张昌宗的相貌说得比莲花还好。看来还是杨再思拍马水平高。

《明朝小史》载，一些官僚见宦官王振权势日重，纷纷前来巴结贿赂，以求高升。户部侍郎王佑，最会阿谀逢迎。一天，王振问王佑说："王侍郎你为什么没有胡子?"王佑说："老爹无须，儿子岂敢有须?"

会调动听者的好奇心、嫉妒心，用美言或秽言或谣言泼污吐垢，反串"皇帝的新衣"，以表象为载体说假话，以神圣的姿态行鬼魅之事；不惜出卖人格，始终在暗处不择手段来算计别人。你神气，就让你神气尽快消失；你有能耐，就让你的能耐没有用场。于是出现"有本事的吃苦头，没本事的吃甜头"的现象。

晋代石勒语："大丈夫当磊磊落落，如日月皎然。"宋代朱熹有言："譬如人光明磊落底便是好人，昏昧迷暗底便不是好人。"蒲松龄写道：

"公子光明磊落，为天人所钦瞩。"领导干部光明磊落，就是襟怀坦白，正大光明，顾全大局。

正直之人在明处，小节有瑕疵，大事有过失，但总是光明磊落，却往往处于辩诬的不利地位，甚至连辩诬的机会也不可得。小人常有蝇营狗苟之行，谋取蝇头小利之举，谈不上光明磊落，毫无气节可言。

李林甫是唐玄宗时期养乱启祸的头号大奸臣，素质低劣，不学无术，老担心别人获得玄宗的赏识，把他宰相的饭碗抢走，经常利用别人的矛盾，从中挑拨，暗算别人，剪除异己。《资治通鉴》里说他："好以甘言啖人，而阴中伤之，不露辞色。"选拔官吏由他一人说了算，导致官员素质不高，且多为阿谀奉承之辈。

新浪网有篇文章认为，李林甫盘踞相位19年，是典型的武大郎开店——身高超过自己的全不要。他最不能容忍的就是朝廷中有能力高出其上的人存在。当年开元盛世的股肱之臣，都是久经历练的一代精英。而李林甫除了满腹坏水，城府极深外，其他一无所长。其知识才能，治国之道与那些精英相比，不能同日而语。

和珅为了得到权力，猜度皇上之喜好，讨好谄媚。一路风光，得宠于乾隆帝，平步青云；"贪"名盖世的和珅，虽然官高位重，为谋取个人私利，也靠进谗言的办法颠倒是非。

所谓"谗言"，就是指毁谤别人或挑拨离间的话。由于"谗言"是背着当事人说给领导听的，久而久之，就难免使领导的耳朵根子发软，从而动摇对贤才的信任。古往今来，有些忠直之士正是因主子轻信谗言而深受其害。

轻信、偏信小人的谗言、"两面人"的蜜语、假善人的眼泪，是一种可怕的幼稚、昏庸的偏执。被伪善的面孔和言行所蒙蔽、欺骗，实在是一种悲哀。这种精神贿赂，是一种依靠虚荣心和歪风才得以流通的伪币。领导干部一旦对"精神行贿"者宠爱有加，长此以往，就会失去公正，就会"亲小人"、"远贤臣"，贻误党和国家的事业。

对那些笑脸相迎，满口"是"、"是"、"是"，一味说奉承话、百依百顺的人，头脑要清醒、警觉，多从反面的角度考虑，进而剥开伪善者的画皮——识破假象看本质。

当面一味顺从、一味夸奖你，用言语或行为来讨好你，那就是奉承，说的难听些叫献媚。也许他不久就有求于你。那些人以口吐莲花之辞、阿谀奉承之语，给领导"抬轿子"、"戴高帽"，也许在第二天，他就成了两面人，用流言侮辱你，把暗箭射向你。明枪易躲，暗箭难防，背后算计人的小人不会消失。

一个人的尊严可以分为内在的尊严和外在的尊严。过分恭维，善于拍马，居心叵测地打"小报告"，是小人为了达到其目的而使用的伎俩，是没有内在的尊严和外在的尊严、缺乏骨气的表现，不仅是可耻的，还会遭到人们的厌恶。

品行低劣的人不讲官德，思想龌龊，行为丑陋，无德而居官位，无才而不求进取，怎能不远之，怎能不疏之？应加强人格修养，讲礼义廉耻，讲行为准则，做正人君子，抵制小人的侵蚀，防止君子变成灵魂猥陋的伪君子、品行恶劣的戚戚小人。

与小人交往，犹如走在薄冰上。对那些造谣诽谤、挑拨离间、诬陷智者、谋害忠良的人，如不惩治必有后患。

由于谗言大多具有很强的迷惑性、煽动性和隐秘性，尤其当它以逢迎领导心理、尊重领导、支持工作的面目反复出现时，容易博得一些领导内心的好感，致使谗言得信、忠言遭斥；由于谗言为饰"忠良"，常致忠奸不分，使忠诚之士被排挤冷落；由于谗言是在背后放暗箭，而使贤良之士防不胜防。

"流言止于智者"。作为领导者，面对蜚短流长，必须敏于分析，精于判断，练就一双火眼金睛，透过现象看本质，绝不可以听到风就是雨，绝不可以今天怀疑张三，明天怀疑李四，无原则地乱表态，不负责任地对进谗言持肯定态度，搞得其他下属人人戒备、忐忑不安。这样才能有效遏制流言，解除大多数人的顾虑，赢得下属的依赖。

俗话说："出头的椽子先烂"，"枪打出头鸟"。一些出类拔萃的人常会遇到风言风语，有时毁誉不一。这时候，切莫为谗言所蒙蔽，切忌过分注重外界评说的影响，敢于摒弃那些无根据的流言蜚语和闲言碎语。千万不要根据只言片语去判断其真伪、当做决策依据，使好同志无辜受到心灵伤害，带着心灵创伤干工作。

应分析进谗言者的动机，注意听其言观其行，看看其言与行是否一致，多听听群众的意见，对进谗言之人批评、警告，或善言规劝，不便当即道破的，要心中有数，做到不相信、不理睬，冷眼以对，两耳不闻流言声，排除谗言的干扰，绝不让进谗者得意、得逞。

对那些因坚持原则、抵制腐败、善于创新而触动某些人的利益、被"倒打一耙"、遭到诬陷、报复的同志，应给予鼓励和支持，旗帜鲜明地予以保护，使这样的干部能挺直腰杆、一心一意多做工作。

重权之下必有恭维者，利益之后必有追随者。对于一味吹捧，不能听取，保持清醒头脑，善于透过现象看本质，倾听真言，摒弃假语。对于陷害好人的恶语，不能相信，果断给予严厉的批评和教育。对那些流言、流事、流誉，应不屑一顾，一笑而过，不去理睬它，用鲁迅先生的话来说，就是连眼珠子都不转过去。

要识别小人，需要领导者认真修炼自己的观察力、分析力和辨别力，在交往中识别人，在实践中考察人。对那些言之凿凿、妙语可悦者，不仅要听其言，更要观其行、鉴其德、察其能。

领导干部应练就敏锐目光，及时识别小人，不上小人的当；主动走进小人的心理世界，有效地驾驭小人；教育小人摆脱阴暗心理，摒弃不良习惯，涵养君子品格。

庞涓嫉贤鉴古今

——消除嫉妒

作为将门之后，孙膑天资聪慧，深得祖传《孙子兵法》之妙，很早就定下献身戎马事业的志向，显示出过人的军事才华，是一位武能胜敌、文能著述的高参型军事家。《孙膑兵法》继承了孙武的军事思想，具有鲜明的时代特色。

庞涓曾和孙膑共同学习兵法，可谓同窗学友。由于庞涓忌妒孙膑的才华，怕魏惠王重用了孙膑，冷落了自己，于是设计了一条毒计，诳孙膑到魏国，把孙膑整得死去活来……庞涓"曾嫌胜己害贤人"，使孙膑有腿不能直立，有脚寸步难行。

唐代周昙诗云："曾嫌胜己害贤人，钻火明知速自焚。"孙膑以其真才实学、忍辱负重、发奋著兵书而流芳后世，庞涓却被钉在嫉贤妒能的耻辱柱上。作家柏杨说："庞涓真是一个典型的卑鄙无耻的瘪三，直到临死，都没有对自己的负义行为，感到丝毫内疚，反而诟骂孙膑侥幸成名。"

看到别人比自己风光，如出众的才华，突出的成就，美丽的容貌，想赶上又力不从心，于是很不舒服，或感到是一种威胁，"中夜恨火来，焚烧九回肠"。这种嫉妒有三个特征：猜疑、敌意、报复。嫉妒是最要不得的，是一种毫无意义的内耗，是对健康心态的一种污染，既折磨自己又伤害别人。倘若嫉妒心理伴随终生，会形成恶性循环，甚至会酿成祸患。

由于嫉贤妒能意识的存在，才有一幕幕摧残贤能的悲剧。清代学者王先谦指出："世之灾，妒贤能，用庸辈。"正是："岂知千丽句，不敌一谗言。"

嫉贤妒能是极端自私心理的恶性膨胀，唯恐别人的才干超过自己。魏国信陵君是战国时期著名四公子之一，屈尊求贤，不耻下交，名冠诸侯，声震天下。因此，诸侯各国数十年不敢侵犯魏国。魏安厘王本应加倍重用信陵君，可是，他害怕信陵君的能力超过自己，取而代之，嫉妒信陵君的贤能，把他废黜了。这样，魏国也积贫积弱，继韩国之后，被秦国灭亡。

身为太医令的李醯，非常嫉妒扁鹊的成就和威望，派人把扁鹊刺杀了。《水浒传》中独霸山头的王伦由于嫉妒心理太盛，恐怕别人取代他的霸主地位，而引起火并。不怪乎有人说嫉妒是万恶之首、万恶之源。

有的人嫉妒别人业务的提高、学习的进步、待遇的改善、职务的晋升、生活的美满；有的领导对同级在某方面超过自己，则妒火中烧，大有"我不行也决不让你行"之势，于是就出现了进谗、诽谤对方等行为，给他人和自己带来损害。

一些人之所以嫉妒别人，一个重要原因是自己不努力，又怕别人超过自己。正如韩愈所言："怠者不能修，而忌者畏人修。"一个爱嫉妒的人，对比自己强的人心怀怨恨，眼光很高但做不成什么正经事，干不了大事但也瞧不上小事，于是道听途说，造谣生事，为的是"我不行你也别行，我不好你也别好"。可见嫉妒者是一个私心严重、心理不健康的人，也是一个不择手段破坏他人的人。黑格尔说："有嫉妒心的人，自己不能完成伟大的事业，乃尽量去低估他人的伟大，贬低他人的伟大，使之与他人相齐。"

人生中产生的许多矛盾来源于嫉妒。北齐刘昼所云："兰荪欲茂，秋风害之；贤哲欲正，谗人败之。"莎士比亚在他的一首诗中对嫉妒大加鞭笞：它是"谎言的传播者"，"是一个告密者，一个不祥的奸细，是引起纠纷、诽谤和烦恼的祸根"。嫉妒是一股邪火，严重者会出现走火入魔，其消极、邪恶的力量真的不可忽视。

嫉妒心，往往在自卑与好强的人身上体现得尤为突出，因为在某一方面感觉自己不如别人，就会产生嫉妒心理，思绪被负面情绪所笼罩，不能客观地看待现实，不允许别人比自己优秀，看别人不顺眼、不舒服；自己没有的，挖空心思想得到；自己有的，唯恐别人也有；别人没有的，不愿成人之美；因为一点小事就会小题大做，烦躁易怒，破坏了友谊，迁怒了无辜者，得罪了陌生人，致使机会与自己失之交臂，让自己的生命笼罩在消极情绪之中。英国笛福说："要给别人脸上抹黑不是件好说的勾当，一不小心，害人者自己会弄得满身污秽，臭不可闻。"

当你将玫瑰送给别人时，首先闻到花香的是自己。当你抓起泥巴想抛向别人时，首先弄脏的是自己的手。嫉妒别人，对人家有伤害，自己也得不到好处。"与人善言，暖于布帛；伤人以言，深于矛戟"。（《荀子·荣辱》）"才能是上帝赏赐的无价之宝，千万别毁了它"。（俄国果戈理）

躲在背后说别人坏话，压抑攻击比自己强的人，以私利作为人生的唯一指向，是缺德、丑陋、没出息的表现。意大利亚米契斯说："不要让嫉妒的蛇钻进你的心里，这条蛇会腐蚀你的头脑，毁坏你的灵魂的。"切莫拿自己的错误惩罚自己，不要拿自己的错误惩罚别人，不可拿别人的错误惩罚自己。

嫉妒别人就等于承认自己不如别人，只能使你永远低于别人。看到别人比自己好，要用积极心态对待，不要以中伤、诽谤等手段来贬低别人。

隋朝末年，李渊起兵反隋，李世民立下了别人无法比拟的功劳，引起了没有多少战功的李渊的长子李建成与四子李元吉的嫉妒。建成、元吉不顾大局，谋害亲兄弟，害人反害己，留下了遗憾和教训。

多数心理问题是由不正确的比较引起的。嫉妒是由于心理不平衡导致的，而心理不平衡则是不正确比较的结果。嫉妒通常产生于与别人的比较之中。各方面条件与自己相同或不如自己的人居于优位，比自己高明的人居于优位，缺少意志、才能和业绩而又想占上风、想过多的出人头地的人，最容易产生嫉妒。伏尔泰有句名言："凡缺乏才能和意志的人，最易产生嫉妒。"

爱嫉恨别人的人常常是学无专长、业无专攻，看别人业绩成就斐然，看别人被尊重、受重用，就不时地侮辱、嘲讽，甚至捏造莫须有的罪名；面对人家前进中的失误幸灾乐祸，却不想自己多么卑微；别人说了一句无心的话，便以为另有所指；别人大笑了几声就以为在嘲笑自己。

王安石因推行变法而被排挤、打击、诋毁，后来他感慨地说："诋毁生于嫉妒，嫉妒生于无能。"把宝贵时间用在嫉妒别人身上，而自己却产生焦虑、猜疑、烦恼、敌意，说这是一种人格病态，也不为过，最终失去的，是胸怀、道德、诚信、机遇。因此，嫉妒从长远看只会树敌过多，使怨恨越来越深，伤害了别人，受害的是自己，使自己不得安宁。

人生在世，为人为政，最容易陷入一个误区就是"以我为中心"。皆以自我为中心来看待事物，思考问题，对待他人，不会换位思考，由此便会产生种种烦恼和争执。站在别人角度看问题，多考虑别人的意见、主张，是克服狭隘、偏执的良方，还可免除一些误会和烦恼。

狭隘是宽容的反义词，狭隘又是嫉妒的同义语。心理健康的人胸怀宽阔，做人做事光明磊落。心胸狭窄的人容易产生嫉妒，嫉妒也可以异化成狭隘。心胸变得狭隘时，注意力集中在引发嫉妒的人和事上，别无他念，越关注越是妒火中烧。

虚荣心是嫉妒产生的重要根源。虚荣心是一种扭曲了的自尊心。死要面子，不愿意别人超过自己，以贬低别人来抬高自己，正是一种虚荣。所以，克服一分虚荣心就等于减少了一分嫉妒。打消掉嫉妒心，要靠积极进取来实现。

沉溺于功名利禄的追逐，结果反被这些身外之物所役使，内心不得安宁，可到头来却迷失了自我，不能为自己的心灵找到归宿，总是处于紧张、焦虑的戒备状态和窒闷烦恼之中，此乃"人为物役"。

当嫉妒情绪达到极限，往往会变成害人又害己的双刃剑，做出一些丧失理智的荒唐之事。陈朝司马申，三朝为官，掌握朝廷机密，常无中生有，诋毁正人君子，提拔阿谀奉承的小人。有一天他在尚书省公廨睡觉，被飞鸟啄破嘴巴，血流满地，当时人都说这是司马申诬陷好人的报应。

南朝宋明帝刘彧厌恶嫉妒好人。他听说亲信刘休的妻子王氏常犯嫉妒病，就赏赐给刘休一个小老婆，下令责打王氏20棍；还让刘休开个小店，让王氏亲自卖扫帚、皂荚这类东西，以羞辱她。

担心下属智慧比自己高，能力比自己强，因而不敢充分信任，这是很不好的。美国汽车大王亨利·福特及孙子福特三世，在其事业发展的顶峰，变得刚愎自用，嫉贤妒能，不允许下属"威高震主"，将不顺眼的、对公司的发展立下汗马功劳的人解职，导致其事业大滑坡。在基督教中，嫉妒和傲慢、暴怒、懒惰、贪婪、暴食以及淫欲，被列为人神共诛的七宗大罪。《圣经》中把嫉妒称做"凶眼"，意思是它能把凶险和灾难投射到它所注目的地方。巴尔扎克说："嫉妒心强的人，往往以恨人开始，以害己告终。"这样的人不能委以大任。

妒火大发的人通常会血压升高、心跳加快、肾上腺素分泌增多、免疫力变弱、焦虑、失眠，很容易患头痛、神经衰弱等病症。总爱嫉妒的人情绪低落、内心痛苦、烦躁不安、甚至行为失控，心力交瘁，猝然死亡。

美国一些医学专家经过调查发现，嫉妒程度低的人，在25年中只有2.3%的人患心脏病，死亡率也仅占2.2%。相反，嫉妒心强的人，同一时期内竟有9%以上得过心脏病，其死亡率高达13.4%。《三国演义》里的周瑜，不就是因为嫉妒诸葛亮处处胜过自己，而"金疮迸裂"、身染黄朱吗？

嫉妒心强的人，虽然获得一时快感，但最终或失人意而众叛亲离，或失臂膀而无依靠，给人留下小肚鸡肠的印象，不知不觉地丧失了一些机会。德国曾把嫉妒列为一种可以享受免费医疗的病，与麻风同格。

与人为善是一种蕴藏在人内心深处的珍贵的感情，它是一种爱心的体现，对行为的一种负责，也是一种人生智慧。善待他人是人们在寻求成功的过程中应该遵守的一条基本准则。善待他人也是善待自己。

欣赏是一种博大高雅的情怀。学会欣赏，你便懂得享受，拥有快乐，收获温馨，便有了阳光心态。学会欣赏，就要时刻看到别人的优点，让别人的优点自觉地成为自己的优点。久而久之，你就成为优秀的人。

为了消除嫉妒心理，应寻找一些合理的方式宣泄自己的情绪，及时地释放郁积的心理能量，给自己换个好心情。

把别人背后的攻击当做一面明镜，一座警钟，有则改之，无则加勉。面对流言蜚语，应该用一颗平常心来对待。如同王蒙先生所说：你嫉妒我，我做我的工作；你散布我的流言，我还是做我的工作；你假模假式的吹捧我，我还是做我的工作；你弄一批人围攻我，我照样做我的工作。

向嫉妒者诉苦，吟唱"正在活受罪"的咏叹调，其实未必真的如此受苦，不过是用来冲淡对方嫉妒情绪的烟幕。有时可以用自己优越地位适当保护对方的正当利益。当双方的距离越来越大，到达一个限度的时候，嫉妒只会转化成远远的羡慕甚至仰望的崇敬。

对嫉妒者关心体贴，帮助他们排忧解难，提示他们调整情绪心理，反思自我，改过自新，寻找快乐。及时肯定他们的成绩，鼓励他们为自己的工作加油，为别人的成功喝彩。

修身理政多读书

—— 惜时学习

　　大到一个国家、一个民族，小到一个单位、一个人，每一次进步无不是踩着读书学习的台阶而前进的。人若全面发展，提高品德修养，提升自身价值，实现人生价值，就应当而且必须终身学习。人若在竞争中不落后、竞上游，就必须多读书、善读书、读好书。

　　情况在不断地变化，不学习怎能跟上变化？成功不可心中无智，成长岂能身边无书。《论语》曰："朝闻道，夕死可矣。"深刻地表达了人类对于学习和知识的渴求。学习只有进行时，没有完成时。养成学习的习惯，保持学习的"持续力"，可以影响一生，终身受益。

　　时间对于人们是最大公无私的，它对每个人都一视同仁，慷慨给予。时间给予了人们金色的年华，但并不是每个人都可以让时间闪耀出金子般的光彩。

　　常惜朝霞勤起舞，难抛珠玑是光阴。唐代书法家颜真卿劝人学习抓紧抓早："三更灯火五更鸡，正是男儿读书时。黑发不知勤学早，白首方悔读书迟。"

　　读书学习应有学者王国维提出的三种境界："昨夜西风凋碧树，独上高楼，望尽天涯路"；"衣带渐宽终不悔，为伊消得人憔悴"；"众里寻他千百度，蓦然回首，那人却在灯火阑珊处"。

　　李大钊在青少年时代，总是勤学好问，养成了不驰于空想，不骛于虚声，而唯以求真的态度。他对诸多战线、领域和学科，都取得了拓荒性的成果。高尔基说读书应当"像饥饿的人扑在面包上"。如果不珍惜宝贵的时间，让时间白白地"从酒桌上过去，从闲谈中过去"，无疑等于在缩短自己的生命。

有人作过计算，人的一生花费在工作中的时间大约为8万小时，其余时间约为工作时间的4倍。从这些时间中省下一小部分来，就会有很大的收获。

胡耀邦当年曾经向中青年干部提出了一个要求：阅读两亿字的书。有人估算了一下，认为一个人要用50年的时间才能实现这个要求。这就是说，每天要读一万多字，每年读400万字。如果抓紧了，15年至20年的时间就能读到两亿字的书。

读书学习是领导干部成长之梯。任何人都不可能是"生而知之者"，都只能是"学而知之者"。通过读书学习来获取信息、增长知识、增加智慧、认识世界、提高能力，这是领导干部胜任领导工作的内在要求和必经之路，是适应新形势、新任务、新要求的不二法门。只有坚持读书学习，才能用丰富的知识充实自己，用科学的理论武装自己，用先进的文化陶冶自己，开阔视野，陶冶性情，提升思维能力，努力成为"杂家"，成为复合型人才。只有借助读书学习这个阶梯，我们才能站得更高、看得更远、想得更深、悟得更透、做得更好。

书籍不仅是知识的载体，更是精神的凝聚和灵魂的启示。读书学习是一种内心世界的沐浴。书中可找到正气之源，可搜寻精神支柱，可发现希望之光。一位诗人说过："每个人都有一位永不变心的朋友，一笔永不消逝的财富，一眼永不枯竭的清泉，一支永不熄灭的火炬——那，就是书。"俄国别林斯基说："好的书籍是最贵重的珍宝。"勤奋学习是心灵的美容，能使丑陋变为美丽，能改变气质，去掉俗气，如入芝兰之室，身香而不闻其香，浑身上下散发出一种书香味、书卷气，不言自华。读一本好书犹如经受一种圣洁的精神洗礼，能增进志向在胸的崇高追求。通过坚持惜时读书学习，把握人生道理、领悟人生真谛，形成崇高的思想品德、高尚的道德情操和特有的人格魅力。

王安石特别聪明，读过的书终生不忘，写出的文章下笔如飞。然而他非常重视后天学习，一生手不释卷，知识非常渊博。王安石写过《伤仲永》的文章，讲了一个神童终成平庸的故事。

康熙是中国皇帝中学识最渊博的，因而识通古今，能以前代治乱的经验教训作为安邦治国的鉴戒，故能平定"三藩"，统一台湾，抗击沙俄侵略，从而奠定了康乾盛世的基础。

在中国的历史上，最有学问的皇帝应是康熙，最勤奋的皇帝当数雍正，最懒惰的皇帝乃是明神宗，而最愚痴的皇帝就是司马衷了。司马衷是西晋武帝司马炎的第二个儿子，从小不好读书，只知寻欢作乐，十几岁还不识几个大字。且不说司马衷不懂得批公文、政治上多么昏庸，就连生活常识也贫乏得出奇。

做一个好的领导者就必须学习。读书、学习不一定非要做官，但做了官必须多读书、多学习，只有不断学习才能做好官。工作有突出业绩者首先得益于学习。美籍华人学者李政道就提倡"越界读书"。他曾说过："物理学方面的书我看得很少，杂七杂八的书倒看得多些。"不刻苦读书学习的人，知识就一定会老化、思想就一定会僵化、能力就一定会退化、作风就一定会腐化，不可能健康成长。

古往今来，任何成功人士都是通过勤奋的学习来达到自己光辉的人生顶点的。

马克思为了写作《资本论》，查阅了当时大英博物馆里所能找到的所有资料，做了几百万字笔记，把座位下的水泥地都磨出了两条印记。恩格斯完全是在经商之余，通过自学精通了化学、物理学和植物学，在语言学上也很有造诣，能够运用20多种外国语言。列宁一生多次经历监禁和流放，他的许多优秀作品都是在监禁和流放的途中写成的。

读书学习要有高度的政治责任感、强烈的求知欲望和进取精神。毛泽东从四五岁开始发蒙，读了将近八十年的书。毛泽东青年时代就提出

"为改造中国而读书"。无论是戎马倥偬指挥打江山，还是日理万机治理国家，都真正做到了"三上"——枕上、厕上和马上，一辈子手不释卷，嗜书如命。

毛泽东在中南海的住所堪称书的世界，办公桌、饭桌和茶几上都堆满了书，甚至连睡觉的床，也被半尺多高的书籍占据了一半。毛泽东外出视察工作，人未登车，书箱已先上车。登车后一路手不释卷，就连吃饭、开会、游泳前后，甚至上厕所的片刻时间也在读书。毛泽东对马列著作、二十四史、古典名著能通读数遍，而且作了批注。正是他这种"我决心学习，至死方休"的精神，才将一个普通的农家子弟，塑造成为一位伟大的马克思主义者；才将一个没有进过一天军校的师范生，塑造成为一位伟大的无产阶级革命家、战略家和理论家，成为激扬文字、指点江山的一代伟人。电视纪录片《走近毛泽东》中有两句解说词让人震撼："他不会拿枪，他却是军事家；他不当元帅，他却缔造了共和国。"

温家宝博古通今，为人们所熟知。2009年4月24日是"世界读书日"，温家宝来到商务印书馆和国家图书馆视察与座谈。他说，书籍是人类智慧的结晶。读书决定一个人的修养和境界，关系一个民族的素质和力量，影响一个国家的前途和命运。一个不读书的人、不读书的民族，是没有希望的。

温家宝看到年轻人求知若渴的面庞，娓娓而谈："也许有人会说，没有时间读书。但是一个人一天总可以抽出半个小时读三四页书，一个月就可以读上百页，一年就可以读几部书。读书要有选择，读那些有闪光思想和高贵语言的书，读那些经过时代淘汰而巍然独存下来的书。这些书才能撼动你的心灵，激动你的思考。"

领导干部必须坚持读书学习，坚定共产党员的理想、信念，提高思想政治素质。放弃学习，丢掉应有的理想、信念，就会倒塌精神支柱，在前进中落伍。

毛泽东说过："以其昏昏，使人昭昭，是不行的。"学习是个前提。

"玉不琢，不成器。人不学，不知义"。不学习，很多事理就不知道或若明若暗，"不知有汉，无论魏晋"，政治上就不可能成熟，就不可能自觉改造主观世界。邓小平说过："不注意学习，忙于事务，思想就容易庸俗化。如果说变质，那么思想的庸俗化就是一个危险的起点。"作为领导干部，放松了读书学习，思想落后于形势，就会使精神世界陷于低级趣味，就难以抵挡利欲诱惑，就会掉队。

少数领导干部在读书学习上存在不正常的"剪刀差"现象。原广东省人大副主任于飞利用职权为亲属谋私被开除党籍。于飞曾检讨："这次我犯错误完全违背了党对我几十年来的培养和教育。一个共产党员应该做到活到老、学到老，我却常常以'工作忙'、'任务紧'为借口，放松了学习，放松了思想改造。"

习近平在中央党校进修班暨专题研讨班开学典礼上指出，在新的历史条件下，领导干部要不断提高自己，经受住各种考验，就要坚持在读书学习中坚定理想信念、提高政治素养、锤炼道德操守、提升思想境界，坚持在读书学习中把握人生道理、领悟人生真谛、体会人生价值、实践人生追求。领导干部如果不加强读书学习，知识就会老化，思想就会僵化，能力就会退化。

罗曼·罗兰曾说："成年人慢慢被时代淘汰的原因，不是年龄的增长，而是学习热忱的减退。"要克服心浮气躁，静下心来学习、钻研。有些同志说工作太忙没有时间学习。关键是思想认识问题，就看你把学习放在什么位置上，如果真正充分认识到它的重要性，总能挤出时间来学的。

加强学习的问题，"是天大的事情"，关系工作的全局，关系长远的发展。自觉地刻苦地学习，不断汲取新知识新经验，也是领导干部保持好的思想、好的作风的前提条件。当今时代，是要求人们必须终生学习的时代。我们领导干部如果不更加奋发地学习，不努力用科学的理论武装自己的头脑，不努力掌握先进的科学技术知识，不善于实现知识的不断更新，就必定要落后，就不可能肩负起党和人民交给自己的历史任务。这应该成为每个领导干部的非常清醒和自觉的认识。

要把学习当做一种生活方式，一种生存需要，作为一种使命、一种境界、一种追求，自觉养成读书学习的良好习惯，真正使读书学习成为工作、生活的重要组成部分，使一切有益的知识和文化入脑入心，沉淀在血液里，融会在行为中，融入人生和事业之中。

马克思读书有个三字秘诀：博，就是博览群书；记，就是折书角、画线、做记号以加强记忆；读，就是朗读诵读，读出声来。

读书不是平均使用力量。要有所选择，有些书要精读，有些书可以浏览。培根说："有些书可供一尝，有些书可以吞下，有不多的几本书则应当咀嚼消化。"茅盾读书采取"三式读书法"：第一遍，鸟瞰式，形成初步印象；第二遍，精读式，品味作品妙处；第三遍，消化式，吸收种种精华。

学起于思，思源于疑。一切学问都始于疑问。德国有一则格言："怀疑乃真理之父。"意大利伽利略说："怀疑乃发明之父。"引起思考的最好办法，就是在认真学习过程中，提出疑问，多问几个"是什么"、"是多少"、"为什么"。法国大作家巴尔扎克说："打开一切科学之门的钥匙都毫无疑问的是问号，我们大部分的伟大发现应归功于'如何'？而生活的智慧在于逢事都问个为什么。"高尔基在《克里姆·萨木金一生》中说：要不把情况弄清楚就不要急着去相信；知识的力量就在于怀疑。

郑板桥说过："读书好问，一问不得，不妨再三问，问一人不得，不妨问数十人，要使疑窦释然，精理迸露。"

读书要有大胆怀疑的勇气和寻根究底的意志，又要保护一切正确的东西。同其他事情一样，既要勇敢，也要谨慎。提出疑问，多问为什么、可能吗，不是想入非非，不是怀疑一切，也不是钻牛角尖，而是应当有秩序地由浅入深地提出问题。可以采取逐步深入法：书的论点、观点是不是长期实践证明了的，符合不符合当前客观实际，需要作哪些修改、完善，论证这些观点的论据是否充分，有没有偏颇、错误之处，这个观点与其他书籍的观点有何异同,怎样结合自己的实际情况加以融会贯通和落实到行动之中。

德国工人哲学家狄慈根有一句名言:"重复是学习之母"。经常重复的记忆,知识就比较巩固。

通过持续学习,达到学习的四种境界:熟能生巧——在老师的指导下学习,掌握课本上的内容,知道问题的答案;举一反三——具备思考的能力,掌握学习的方法,能够举一反三,知其然,也知其所以然;无师自通——掌握自学、自修的方法,在没有老师辅导的情况下主动自学;融会贯通——将学到的知识灵活运用于工作和生活实践。检验学习成果,往往不在于你涉猎了多少,知道了多少,掌握了多少,而在于你消化了多少,利用了多少,创造了多少,做了多少,实现了多少。这四种境界对于任何专业或领域的学习来说都是适用的。

通过读书学习,对现实问题进行深入思考,领悟、感悟、融会贯通,把看到、学到的东西吸收进来,由此及彼,由表及里,力求孤立的东西变为相互联系的、粗浅的东西变为精深的、把零散的东西变为系统的、感性的东西变为理性的,从而形成正确的工作理念。

读书学习历来是自我修身的重要途径,也是衡量人品官德的重要标准。在新的时代条件下,领导干部应始终把读书学习与加强官德修养融合起来,坚持在读书学习中吸取精神食粮,用高尚的精神塑造自己,用前人的智慧提高自己,锤炼道德操守、坚定理想信念、提升思想境界,增强应对复杂局面的本领。

要大力提倡"学习工作化,工作学习化"。把学习与工作看成一个问题的两个侧面、两个视角,把学习和工作有机结合。领导干部不能等同于普通群众,不能把大量的时间花在打牌搓麻、喝茶调侃、喝酒跳舞、观光旅游等兴趣爱好上,不要宽待学习的敌人——自己的惰性,而应该把读书学习作为第一爱好、第一习惯、第一行为,把业余时间用于读书学习、思考钻研上面,利用"针头线脑"的时间读书,挤出时间读书,"苦其心志,劳其筋骨,饿其体肤",也要坚持下去!

官德箴言妙语

修炼品德

△身修而后家齐，家齐而后国治，国治而后天下平。自天子以至于庶人，壹是皆以修身为本。

《礼记·大学》

释义：注重自身修养，然后才能管理好自己的家庭；管理好自己的家庭，然后才能治理好自己的国家；治理好自己的国家，然后才能使整个天下太平。因此，自天子到老百姓，一律要以修身作为人生之本。

△作德，心逸日休；作伪，心劳日拙。

《尚书》

释义：今天做事符合道德的标准，思想就安逸平静，生活也顺泰；如果不忠诚老实，做事违反道德要求，躲躲闪闪，遮遮盖盖，思想就安定不下来，日子也越过越不顺利。

△秉德无私，参天地兮。

屈原《橘颂》

释义：主持公道，毫无偏私，可以比合天地。

△尧、禹者，非生而具者也，夫起于变故，成乎修，修之为，待尽而后备者也。

《荀子·荣辱》

释义：尧、禹的品德并不是生来具备的，而是从改变原有的本性开始，由修身功夫来完成，等到修身功夫到了极点，然后才能达到道德完备的境界。

△被人爱，多么幸福！有所爱，多么幸福。

［德国］歌德

清 正 廉 洁

△受人者，常畏人；与人者，常骄人。

（晋代）皇甫谧

释义：接受馈赠的人，常常害怕别人；给别人财物的人，则常常盛气凌人。

△唯俭可以养廉。

（宋代）范纯仁《舌华卷》

释义：唯有勤俭可以培养廉洁的作风。

△ 宁可靠自己的力气吃饭，切莫白白拿取别人什么东西。

［俄国］卡拉姆辛

遵 纪 守 法

△天网恢恢，疏而不漏。

《老子·七十三章》

释义：天道的罗网广大无边，看起来是空疏的，但无论什么罪过，它都不会漏掉，必然会给予惩罚的。

△心之忧危，若蹈虎尾，涉于春冰。

《尚书·君牙》

释义：对处理每一件事都要兢兢业业，应有踩着老虎尾巴和走在春天即将溶化的冰河上一样的畏惧感。这是周穆王任命君牙为大司徒时对他的训诫。身居要职的人，必须随时有这种畏惧感。

△一失足成千古恨。

《花月痕》

释义：这句名言原出处是唐代大画家唐伯虎的两句诗："一失足成千古恨，再回头是百年身。"指在政治上、生活上陡然丧失理智、犯了重大错误，就像走路失足陷入了泥淖，再没有办法自拔一般，往往追悔莫及，酿成终身恨事。匆匆岁月，百年易过，要想恢复犯错误前的清白无瑕，往往一生中剩下的时间已经不多了。

△自制是金光灿灿的马缰。

〔英国〕罗伯特·伯顿

真 诚 守 信

△忠诚所感金石开，勉建功名垂竹帛。

（宋代）陆游《秋日村舍》

释义：真诚能够感动金石那样坚硬的东西，能勉励自己建功立业，名垂青史。

△百虑输一忘，百巧输一诚。

（清代）顾图河《任运》

释义：考虑百次有一次忽略也可能失败，有百般机巧缺乏真诚也难得成功。

△立功者患信义不著,不患名位不高。

《资治通鉴·晋纪》

释义:立功的人担心自己的信义不显著,而不必忧虑自己的名誉和地位不高。

坚守气节

△富贵不能淫,贫贱不能移,威武不能屈,此之谓大丈夫。

《孟子》

释义:真正的大丈夫不以富贵荣华而乱方寸之心,无论多么穷苦,多么受委屈,志气决不改易;在任何威压甚至生命受到威胁的情况下,仍然不会屈服,乃至舍生取义。

△不可收买是最高的政治品德。

[德国] 马克思

△但使忠贞在,甘从玉石焚。

(唐代) 崔峒

释义:只要能保住忠贞的品格,就是像玉石那样同时焚毁,也是心甘情愿的。

△为真理而斗争,是人生最大的乐趣。

[意大利] 布鲁诺

△要是看到了丑恶,却不用愤怒的手指把它点将上来,那么我们也离丑恶不远了。

[俄国] 克雷洛夫

磨炼意志

△盘根错节,可以验我之才。波流风靡,可以验我之操。艰难险阻,可以

验我之思。震撼折冲,可以验我之力。含垢忍辱,可以验我之量。

(明代)姚舜牧《药言》

释义:事情复杂繁难,不易处理,可以检验我是否真正有才;不良的潮流风气,可以检验我是否有节操;艰难困苦,可以检验我的思想;激烈的斗争,可以检验我的实力;忍辱含怨,可以检验我的宽宏气量。

△我一生基本上只是辛苦工作,至今我已75岁,没有哪一个春夏秋冬是真正舒服的生活,就好像一块石头上山,当它滚下来了,又不停地推上去。

[德国]歌德

感 恩 思 源

△丈夫不感恩,感恩宁有泪?心头感恩血,一滴染天地。

(唐代)陈润

释义:有志之士不会用泪水来感恩,他宁可用满腔热血来报答对方,只要迸出一滴血便会染红天地。

△报恩是教养之果;在粗野的人群里,你是找不出这种美德的。

[英国]塞缪尔·约翰逊

△恩将仇报的人应该是人类的公敌,他对待人类可能比他对待自己的恩人还要恶毒,因为世人没有施恩于他;这样的人就根本不配活在人世间。

[英国]斯威夫特

△那些忘恩的人,落在困难之中,是不能得救的。

[希腊]伊索

自省吾身

△以镜自照见形容，以人自照见吉凶。

《大戴礼记·武王鉴铭》

释义：照镜就会看见自己的容貌，借鉴别人的成败经验，就会知道自己是否吉利。

△吾日三省吾身——为人谋而不忠乎？与朋友交而不信乎？传不习乎？

《论语·学而》

释义：我每天都要多次反省自己——为别人出谋策划是不是出于忠心，与朋友交往是不是守信，对老师的传授是不是认真学习。

△把每一个黎明看做你生命的开始，把每一个黄昏看做你生命的小结；让每一个这样短的生命，都能为自己留下一点儿可爱的事业的脚印，和你心灵得到充实的痕迹。

[匈牙利] 裴多斐

读书学习

△粉黛至则西施以加丽。

《抱朴子·勖学》

释义：像西施那样的美人，如果再施上粉黛，就会显得楚楚动人了。比喻学习可以使本来聪明的人变得更美好。

△力学勿忘家世俭，堆金能使子孙愚。

[宋代] 刘克庄：《贫居自警三首》

释义：刻苦学习，不忘记祖祖辈辈都很简朴；只积累钱财，能使后代变得愚蠢。

△我扑在书籍上，就像一个饥饿的人扑在面包上。没有任何力量比知识更强大，用知识武装起来的人是不可战胜的。

[苏联] 高尔基

图书在版编目（CIP）数据

官德：领导干部道德修养读本/于立志著.—北京：中国方正出版社，2014.3
（廉政文化文库）
ISBN 978-7-5174-0082-0

Ⅰ.①官… Ⅱ.①于… Ⅲ.①中国共产党—干部—道德修养—学习参考资料 Ⅳ.①D262.3

中国版本图书馆CIP数据核字（2014）第047968号

廉政文化文库
官德——领导干部道德修养读本
于立志 著

责任编辑：刘彦彩
责任印制：李 华

出版发行：	中国方正出版社
	（北京市西城区广安门南街甲2号 邮编：100053）
	编辑部：（010）59594611 发行部：（010）66560936
	出版部：（010）59594625 门市部：（010）66562755
	邮购部：（010）66560933
	网 址：www.lianzheng.com.cn
经 销：	新华书店
印 刷：	北京盛兰兄弟印刷装订有限公司
开 本：	787毫米×1092毫米 1/16
印 张：	14.5
字 数：	198千字
版 次：	2014年3月第1版 2014年3月北京第1次印刷

（版权所有 侵权必究）

ISBN 978-7-5174-0082-0　　　　　　　　　　定价：38.00元

（本书如有印装质量问题，请与本社发行部联系退换）